LA

ESPIRAL

DESCENDENTE:

Declive del sueño americano

LA ESPIRAL DESCENDENTE:

Declive del sueño americano

David Batcheller

Contenido

Prefacio

Una historia de mi viaje político

Escrito en abril de 2004

Al acercarse mi quincuagésimo cumpleaños, recuerdo con asombro que durante la mayor parte de mi vida he sido ignorante o desconectado de la política. Mientras crecía, mis padres hablaban muy poco de política y la escuela no hizo mucho .para alentarme o involucrarme en el tema. Convertirse en un adolescente en el punto álgido de la agitación y la confusión de la Guerra de Vietnam y el Watergate me llevó a adoptar una visión bastante lúgubre y cínica de nuestro gobierno. Luego, cuando me convertí en cristiano a la edad de dieciséis años, me introdujeron en un largo período de creencia de que se suponía que no debía involucrarme en asuntos políticos. Solo en los últimos cuatro o cinco años finalmente me di cuenta de que necesitaba educarme e involucrarme.

Este proceso comenzó bastante inofensivamente con un interés en la Guerra Civil estadounidense. Además de las películas, la televisión y los juegos a lo largo de los años, también pude visitar varios campos de batalla de la Guerra Civil y leer algo de su historia. Luego, hace varios años, comencé a aprender sobre lo que algunos han llamado el "Movimiento de Renacimiento Constitucional". Descubrí que hay un número creciente de estadounidenses que están profundamente comprometidos con la restauración de nuestro gobierno a sus raíces históricas y fundamento constitucional. Me perturbó profundamente aprender sobre la historia y las falacias de los impuestos sobre la renta personal, el IRS, la Reserva Federal, nuestro sistema monetario y la creación de muchos programas gubernamentales socialistas que ahora han sido completamente aceptados como normales por la gran mayoría de los estadounidenses.

Revisé mis estudios iniciales del período de la Guerra Civil y me di cuenta de cuán crítico fue este momento en el desarrollo de nuestro país. También aprendí que nuestra nación, que había comenzado como 13 colonias uniéndose voluntariamente para crear una alianza y un gobierno federal con limitaciones incorporadas, se había convertido, en menos de cien años, en un gobierno altamente controlado y centralizado. Esto ocurrió como resultado de la invasión, conquista y luego subyugación de los estados del sur al final de la Guerra Civil. Sentí ira e iluminación a lo largo de este proceso, pero extrañamente obligado a aprender más. En el camino, encontré un cuerpo completo de literatura y puntos de vista sobre estos temas que en su mayor parte han sido exitosamente protegidos de la población estadounidense.

Luego procedí a estudiar más sobre la Revolución Americana y los primeros patriotas y fundadores de nuestro país. Por primera vez leí los documentos reales que crearon con mi cerebro ocupado. Revisé los principales temas y contiendas que condujeron a la Guerra Revolucionaria. Sobre todo, me preguntaba por qué ahora llamamos a estas personas "patriotas", cuando en ese momento los británicos los llamaban con toda seguridad "rebeldes". Leí sobre las primeras luchas entre personas que tenían puntos de vista divergentes sobre la naturaleza y el propósito del gobierno, y me di cuenta de cuán profundamente afectaron las creencias y los valores judeocristianos la formación de nuestro país. El debate se prolongó durante años, sin embargo, la presión para centralizar el gobierno se evitó hasta que Abraham Lincoln utilizó el terrible cisma de la Guerra entre los Estados para finalmente traer una nueva era de gobierno centralizado.

Las interpretaciones históricas suelen ofrecer solo una causa principal de la Guerra Civil: el problema de la esclavitud; y un héroe principal: Lincoln, elevado a través del martirio y una reescritura sesgada de la historia. La mayoría de nosotros no nos damos cuenta de los otros temas en cuestión: los derechos de los estados, el gobierno centralizado, el poder político, las tensiones económicas entre el norte y el sur, etc. En todos los países a excepción de los Estados Unidos, esta práctica injusta se eliminó con relativa tranquilidad durante un período de tiempo. Solo en Estados Unidos resultó en la división completa de una nación y una guerra que se cobró la vida de más estadounidenses que todas nuestras otras guerras juntas.

Durante el ascenso al poder de Lincoln, su campaña electoral y durante más de un año después de la Guerra Civil, el tema de la esclavitud no estuvo en el centro del conflicto. Lincoln definitivamente no era amigo del afroamericano. Estos hechos pueden ser leídos fácilmente por cualquier estadounidense. La Proclamación de Emancipación, que declaró la libertad de los esclavos, en realidad lo hizo solo en los estados que estaban en "rebelión". En realidad, esta táctica se empleó como una medida para reforzar el apoyo y reunir al Norte en una causa unificada que, hasta ese momento, había estado muy ausente.

El Sur luchaba por la independencia, lo mismo que habían hecho las colonias con Inglaterra 90 años antes. Seriamente superados en número y con pocos suministros, los Estados Confederados estaban básicamente condenados desde el principio. Lo sorprendente es que la guerra duró más de cuatro años, lo que indica la profundidad de la convicción y el compromiso de ambos bandos con sus respectivas causas. Como un "chico de la Unión" de Iowa, escribo estas cosas ahora con una medida de culpa y vergüenza.

Desde este punto, comencé a aprender acerca de adónde llevó este camino a nuestra nación. A principios del siglo XX, el gobierno y el control centralizados estaban firmemente establecidos. Me sorprendió conocer la historia real de la creación de impuestos sobre la renta personal, la Reserva Federal, las Naciones Unidas, el Seguro Social, Medicare y otros programas que conducen a nuestro país gradualmente hacia el socialismo. ¡Y durante este mismo período de tiempo estábamos peleando dos guerras mundiales y una guerra fría para supuestamente combatir lo mismo!

Bien entrados los años 50 y principios de los 60, los valores y la brújula moral de nuestra nación seguían básicamente intactos, aunque nos habíamos desviado mucho de la intención de nuestros padres fundadores. Luego, con las revoluciones contraculturales y sexuales de los años 60, la Guerra de Vietnam, la prohibición de rezar en las escuelas, el movimiento por los derechos de la mujer y la legalización del aborto, las mareas culturales comenzaron a cambiar drásticamente en nuestro país. Si bien los valores cristianos han sido atacados cada vez más en muchos frentes, nuestra sociedad se ha transformado en una generación en algo muy diferente y casi irreconocible de lo que existía antes. Y, lamentablemente, la mayoría de los estadounidenses desconocen por completo o son apáticos con respecto a las fuerzas en juego que empujan a nuestra nación hacia la participación en una economía y un gobierno seculares y globalistas.

Como estos últimos acontecimientos han tenido lugar durante mi vida, ahora me doy cuenta de que yo, como muchos otros cristianos bien intencionados, he contribuido a esta espiral descendente a través de mi ausencia y alejándome de la interacción y la participación. Por supuesto, justifiqué esto con argumentos que parecían espirituales y creí que el único curso de acción que se suponía que debía tomar era ayudar a evangelizar a los "paganos" que me rodeaban mientras esperaba el regreso de Cristo. Ahora nos encontramos en medio de una seria lucha por sobrevivir en una cultura que está profundamente dividida en muchos temas. Estas tendencias continuas no presagian nada bueno para la Iglesia ni para muchas de las libertades que hemos disfrutado como estadounidenses en el pasado.

Como resultado de una re-evaluación seria de mi propia vida, he hecho un compromiso renovado para buscar un cambio real tanto en la iglesia como en la arena política. La iglesia ha sido parte del problema, y por lo tanto yo soy parte del problema. Creo que los tiempos en los que vivimos requieren una respuesta sincera y una nueva dirección radical. Continuaré dando mi vida en fe y obediencia a Dios para ayudar a transformar la vida, la reputación y la eficacia de Su iglesia y, al mismo tiempo, me comprometeré en el proceso de restaurar la herencia y los valores de nuestra nación. En ambos campos me dedicaré a tocar la vida de las personas, para ayudar a revertir esta tendencia descendente. Ya no permaneceré más en silencio, pasivo y desapegado. Hablaré para ayudar a otros a abrazar este mismo propósito y encontrar el coraje para seguir el mismo camino. Ante la crítica, la acusación y la incorrección política, me posicionaré por la verdad, por la libertad y por Cristo en medio de una generación perversa. Te invito a que consideres hacer lo mismo.

Nota añadida por el autor: Ofrezco el mensaje de este libro, no principalmente como un trabajo histórico o técnico detallado, sino como un llamado sincero a millones de estadounidenses promedio con la esperanza de informarlos y alertarlos sobre la precaria espiral descendente que nuestra nación está tomando. Este libro es tanto una compilación de los pensamientos y convicciones de muchos grandes estadounidenses y otros líderes mundiales como los míos. Es mi firme creencia que será solo a través de la misericordia de Dios y el despertar de la gente de esta gran tierra que seremos salvos de los tiempos extremadamente peligrosos que se avecinan. Como dijo una vez Thomas Jefferson: "La gente es la única confianza segura para la preservación de nuestra libertad".

Visión de conjunto

Historia americana revisitada

¿Recuerdas (al menos vagamente) haber aprendido sobre la historia estadounidense en la escuela? Las interminables listas de fechas, lugares, nombres, con las fechas límite de las clases, produjeron para la mayoría de nosotros una encuesta muy superficial que apenas podíamos recordar después de que terminó la clase, y mucho menos años después. La mayoría de nosotros toleramos las clases de historia y gobierno de Estados Unidos, tragando cualquier dato de información que se nos brinde sin cuestionar su exactitud. Los pocos que realmente han estudiado más por su cuenta a menudo han descubierto la permeación de inconsistencias flagrantes y sesgos entrelazados presentes en muchas versiones históricas del desarrollo de nuestra nación. Permítame desafiar su aceptación de la versión del statu quo de la historia estadounidense. Trate de tener la mente abierta al evaluar esta información.

Las raíces de América

Al contrario de la versión reescrita de la historia estadounidense que la mayoría de nosotros aprendemos, nuestra nación nació en un caldero de opresión, impuestos excesivos y renacimiento espiritual. Recordamos el "Día de Acción de Gracias", pero la mayoría de nosotros hemos olvidado la razón por la cual los Peregrinos vinieron a América. Aprendemos sobre los "patriotas", aunque para los británicos nuestros héroes eran "rebeldes". Estudiamos sobre la fuerza y el carácter de nuestros padres fundadores, pero no sobre su fe personal o devoción a Dios. La mayoría de nosotros no nos damos cuenta de que un renacimiento espiritual conocido como el Gran Despertar barrió las colonias americanas en los años previos a la Guerra Revolucionaria. Y pocos de nosotros comprendemos los problemas reales con los que lucharon nuestros antepasados en el contexto de este período.

Las frutas de América

Los redactores de nuestra Constitución trazaron un nuevo rumbo para esta nación, uno que ha sido socavado y modificado gradualmente hasta que ahora se parece poco a su intención original. Hoy, en lugar de independencia, nuestros gobiernos federal, estatal y local nos imponen controles sin precedentes. En lugar de estar libres de impuestos, ahora trabajamos casi cinco meses de cada año solo para pagar las demandas cada vez mayores del gobierno y sus programas de gran alcance. Están aumentando el espionaje, los registros y las incautaciones ilegales, los desafíos a los derechos de los estadounidenses a portar armas y los ataques directos a quienes mantienen la fe cristiana.

Estamos horrorizados por el Holocausto judío de la Segunda Guerra Mundial, sin embargo, la matanza de niños no nacidos en este país ha superado con creces esta atrocidad y aún continúa. Mientras denuncia los males del comunismo en todo el mundo, nuestra nación se ha vuelto gradualmente socialista, con la redistribución gubernamental de la riqueza a través de una multitud de programas de asistencia social e impuestos sobre la renta personal.

A pesar de todo esto, los ricos aún desarrollan esquemas para proteger y proteger sus riquezas; los pobres aún luchan por sobrevivir en la vida; y los de la clase media llevan cada vez más la peor parte de la carga para todos. Y quizás lo más importante, mientras nuestra nación se desliza hacia el caos moral, ahora estamos experimentando un esfuerzo gradual pero decidido para erradicar cada lazo y mención de Dios de nuestro gobierno y asuntos culturales a través de una mala interpretación retorcida de la "separación de la iglesia y el estado".

¿Democracia o República?

"Y a la república, que representa, una sola nación, bajo Dios, con libertad y justicia para todos". La mayoría de nosotros recordamos estas palabras de nuestro Juramento a la Bandera, pero pocos de nosotros hemos contemplado su significado, o cuán lejos nos hemos desviado de su mensaje previsto. Una democracia pura, en la que la mayoría de la gente dicta todas las leyes y normas conduce inevitablemente a la injusticia y la servidumbre de aquellos en posiciones minoritarias. Nuestros padres fundadores fueron hombres inteligentes que evaluaron diferentes formas de gobierno y luego forjaron deliberadamente una nueva forma de autogobierno para representar y proteger las libertades de todos los estadounidenses. Esta protección era contra el gobierno de la mafia (mayoría/democracia), la anarquía (sin ley), la oligarquía (gobierno de una élite) y la tiranía de un gobierno centralizado o monarquía. Nuestra forma original de gobierno era una república o confederación de colonias/estados que se unían voluntariamente en beneficio del apoyo y la fuerza mutuos. En reacción a la tiranía británica, las colonias/estados crearon el gobierno federal para servir y facilitar sus objetivos compartidos. Habiéndose rebelado contra un gobierno tiránico y centralizado, es inimaginable que alguna vez hubieran imaginado nuestro gobierno federal tal como es hoy.

Nuestro "Destino Manifiesto"

Debido a que los exploradores, colonos y colonos consideraban a Estados Unidos como un enorme territorio abierto de oportunidades, se desarrolló y echó raíces firmes en este país la noción de que era el "destino manifiesto" de los Estados Unidos ocupar y controlar todo el territorio en América del Norte entre los océanos Atlántico y Pacífico. A raíz de este expansionismo decidido, e impulsado por una nueva independencia y un sentido de superioridad, culturas enteras como los africanos forzados a la esclavitud, los "rebeldes" de los estados del sur y las llamadas naciones indígenas "incivilizadas" todos fueron subyugados. Se compraron, robaron o pelearon por tierras y territorios hasta que la tierra finalmente fue controlada "de mar a mar brillante". De alguna manera el verdadero destino de nuestra nación, que nació en la renovación espiritual y la libertad,

Naturaleza humana desatada

Jesucristo declaró a menudo que la fuente de todo mal procede del interior del corazón de los hombres y las mujeres. Cuando se les deja a la naturaleza humana, las personas finalmente sucumbirán y volverán a los deseos básicos como la codicia, la lujuria, los prejuicios y el odio. La historia de la humanidad está llena de relatos de este comportamiento arrogante y autodestructivo. Sin embargo, a menudo recordamos los gloriosos aspectos destacados de nuestra rica herencia, mientras olvidamos las atrocidades de las malas acciones cometidas en nombre de Estados Unidos, el progreso o incluso Dios mismo.

Abuso y escándalo al más alto nivel

Así como en los tiempos bíblicos, también hemos experimentado los ciclos altos y bajos relacionados con el carácter moral y la devoción espiritual de nuestros líderes y la nación. La bendición de Dios solo descansa sobre nosotros en la medida en que permanecemos fieles a Él y obedientes a Su Palabra. Nuestro declive espiritual y las filosofías humanistas en ascenso deberían hacer sonar una clara alarma para cualquiera que realmente se preocupe por nuestro país. De la misma manera que los impuestos, el crimen, la violencia y la inmoralidad aumentan rápidamente, también hay un marcado aumento en el abuso de la autoridad gubernamental y el comportamiento escandaloso entre nuestros líderes y políticos. Las tres ramas de nuestro gobierno hoy se han apartado de la Constitución y la intención de nuestros padres fundadores. El sistema ahora está impregnado de maniobras políticas, luchas de poder y corrupción en casi todos los niveles.

¿A donde vamos?

Sin otro Gran Despertar espiritual en Estados Unidos, parece que nos dirigimos hacia serios problemas: una fractura ideológica interna y la posible autodestrucción de nuestra cultura. Y debería ser obvio que nuestra mayor amenaza o enemigo no es un grupo terrorista o una nación extranjera, sino que somos nosotros mismos. Una vez más debemos levantarnos y luchar por los principios y libertades que hicieron a nuestra nación única y fuerte.

Un llamado a todos los patriotas

Tal vez si, como yo hace poco tiempo, descubres que te has adormecido o te has dejado llevar por la complacencia, este libro puede enviar una sacudida a través de tu sistema. Si es así, estoy feliz, porque tal vez esté por nacer otro verdadero patriota; uno que unirá sus corazones y manos con miles de otros que están emergiendo en esta gran nación para convertirse en una fuerza imparable, trayendo a nuestra nación de regreso a sus raíces y de regreso a Dios.

Capítulo uno

La búsqueda de la libertad

Dentro del corazón de cada hombre y mujer yace un deseo inherente de estar libre del control y los dictados de otras personas. La búsqueda del corazón humano es poder respirar el aire de la libertad; vivir y actuar de forma independiente, sin restricciones ni obstáculos de los demás. Ser libre para pensar, decir lo que uno piensa y vivir como queremos es una de nuestras mayores aspiraciones. A lo largo de la historia, con ejemplos de todo el mundo, este impulso interno por la libertad ha demostrado el anhelo humano de estar libre de la tiranía y determinar nuestro propio destino.

> Grande mientras tanto es el momento, cuando nos llegan nuevas de libertad; cuando el alma tanto tiempo esclavizada, de entre sus cadenas y sórdido estancamiento, se levanta, aunque sólo estuviera en la ceguera y el desconcierto, y jura por Aquel que la hizo, que será libre! ¿Libre? Entiendan bien que es el mandamiento profundo, más oscuro o más claro, de todo nuestro ser, ser libres. La libertad es el único propósito, sabiamente apuntado o imprudentemente, de todas las luchas, trabajos y sufrimientos del hombre en esta tierra. - Thomas Carlyle, *La Revolución Francesa*

De acuerdo con nuestros padres fundadores, nuestros derechos son otorgados por Dios e inalienables, lo que significa que no pueden ser quitados o transferidos a otro. Estos primeros patriotas imaginaron una nación construida sobre esta verdad central: que nuestros derechos esenciales provienen de Dios, y no de otros hombres. Sin una comprensión profunda de este principio, las estructuras sociales y las formas de gobierno del hombre están condenadas al control de los ricos y poderosos.

Comprender la naturaleza humana

Sin embargo, comprender el concepto de nuestros derechos o libertades esenciales es solo la mitad de la ecuación. También debemos enfrentar la realidad de que hay algo en el corazón o la naturaleza de las personas que se inclina hacia el orgullo y el egoísmo. En lo profundo del corazón del hombre yacen las semillas de la autodestrucción. Esta tendencia se manifiesta de mil maneras diferentes a través de la codicia, la lujuria, la opresión, el odio y la guerra.

Muchos hoy en día quieren hacernos creer que la moralidad y la verdad las decide cada individuo o la opinión popular, o que los humanos son esencialmente buenos. Estas filosofías locas solo refuerzan y perpetúan el problema porque, en última instancia, aún estaremos bajo el control de otros impulsados por la naturaleza humana dentro de ellos. Esta naturaleza humana distorsionada no está relacionada con la raza o el origen nacional, aunque definitivamente nos vemos afectados por muchas influencias externas.

> La línea que separa el bien y el mal no pasa a través de los estados, ni entre las clases, ni tampoco entre los partidos políticos, sino a través de cada corazón humano, ya través de todos los corazones humanos. Esta línea se desplaza. Dentro de nosotros, oscila con los años. Incluso dentro de los corazones abrumados por el mal, se retiene una pequeña cabeza de puente del bien; e incluso en el mejor de todos los corazones, queda un pequeño rincón de maldad. -Alexander Solzhenitsyn

Si no hay absolutos morales o estándares divinos de la verdad, o límites para el comportamiento humano, entonces seguramente continuaremos en esta espiral descendente. Los fundadores de nuestra república entendieron la tensión divina entre estos dos lados de la ecuación, como lo reflejan estas palabras del presidente James Madison:

> Hemos apostado todo el futuro de la civilización estadounidense no al poder del gobierno, ni mucho menos. Hemos apostado

todas nuestras instituciones políticas a la capacidad de la humanidad para el autogobierno, a la capacidad de todos y cada uno de nosotros para gobernarnos a nosotros mismos, para controlarnos a nosotros mismos, para sustentarnos a nosotros mismos de acuerdo con los Diez Mandamientos de Dios. El futuro y el éxito de Estados Unidos no está en esta Constitución, sino en las leyes de Dios sobre las que se basa esta Constitución.

Jesucristo explicó perfectamente esta tendencia humana cuando declaró:

Lo que procede del hombre; eso es lo que contamina al hombre. Porque de dentro, del corazón de los hombres, salen los malos pensamientos, las fornicaciones, los hurtos, los homicidios y los adulterios, las codicias y las maldades, así como el engaño, la sensualidad, la envidia, la calumnia, la soberbia y la insensatez. Todas estas cosas malas proceden de dentro y contaminan al hombre. - El Evangelio de Marcos, 7:20-23

Libre para hacer lo correcto

La libertad no es "poder hacer lo que quieras", como proclaman muchos, sino una enorme responsabilidad de hacer lo correcto. En esta misma línea, Abraham Lincoln comentó una vez:

La libertad no es el derecho a hacer lo que queremos, sino lo que debemos. Tengamos fe en que el derecho hace la fuerza y en esa fe atrevámonos, hasta el final, a cumplir con nuestro deber tal como lo entendemos.

Jesús también sabía que había una conexión vital entre la libertad y la verdad, cuando dijo, en respuesta a los hipócritas religiosos de su época:

Entonces conocerán la verdad, y la verdad los hará libres. En verdad os digo que todo el que comete pecado es esclavo del pecado. Así que, si el Hijo os libertare, serán verdaderamente libres. - El Evangelio de Juan, 8:32-36

¡Este tipo de libertad no es una licencia para hacer lo que elijamos, sino más bien la liberación de nuestras propias tendencias egoístas y malvadas!

Todas las miserias y males que sufren los hombres por el vicio, el crimen, la ambición, la injusticia, la opresión, la esclavitud y la guerra, proceden del menosprecio o descuido de los preceptos contenidos en la Biblia. - Noah Webster

La búsqueda de la libertad ardía en los corazones de los primeros estadounidenses que imaginaron una tierra de libertad donde la gente misma viviría bajo las leyes de su Creador y perseguiría sus propios destinos. Aunque seriamente amenazado por personas que anhelan poder y control, este sueño parpadeante aún arde en los corazones de personas de todo el mundo.

Capitulo dos

Nacimiento de una República

A mediados del siglo XVIII, los acontecimientos mundiales estuvieron dominados por los avances coloniales de varias naciones europeas. Francia, Inglaterra y España competían por la posición y el control aquí en América del Norte, así como en todo el mundo. La llegada de los europeos a América del Norte también inició un largo período de conflicto con los pueblos originarios que ya habitaban este continente. Incluso hoy, en todo Estados Unidos, los nombres de pueblos y lugares todavía apuntan a la influencia de todos estos grupos.

Vuelo al Nuevo Mundo

Muchos de los primeros peregrinos y colonos llegaron a América para escapar de la intolerancia religiosa y la persecución en Europa. Otros surgieron de un espíritu de aventura y la oportunidad de buscar riquezas, libertad o un nuevo comienzo en un mundo nuevo. Eran visionarios, soñadores, conquistadores y pioneros que estaban dispuestos a sacrificarse, sufrir y esforzarse para forjar una nueva vida en una tierra nueva y extraña.

Al enfrentarse a las dificultades desconocidas y duraderas, estos primeros estadounidenses poseían un verdadero espíritu de aventura y determinación que parece poco común en la actualidad. Como verdaderos pioneros, despejaron el camino para lo que se convertiría en la nación más grande e influyente de la tierra.

El gran despertar

Para comprender el nacimiento de la república estadounidense, también es fundamental darse cuenta de que, antes de obtener la independencia de Inglaterra, un gran renacimiento espiritual se había extendido por las colonias. Como reacción a las estrictas creencias y prácticas de la Iglesia de Inglaterra y de los primeros grupos como los puritanos y los cuáqueros, muchos colonos se habían alejado de la fe cristiana. En la década de 1730, esta deriva fue contrarrestada por un renacimiento espiritual conocido más tarde como el Gran Despertar.

Convencidos de que la gente se había preocupado demasiado por el dinero, las actividades mundanas y los estilos de vida inmorales, hombres como George Whitefield, Jonathan Edwards y muchos otros llamaron a la gente al arrepentimiento. Creían que la iglesia se había vuelto demasiado intelectual y tradicional, y por lo tanto había perdido su vitalidad espiritual. Y así predicaron, exponiendo tanto a los líderes religiosos como a los sistemas de la época, y llamando a la gente a volver a una verdadera relación con Dios. Los fuegos del fervor evangelístico finalmente ardieron en todas las colonias americanas y ayudaron a preparar el escenario para lo que estaba por venir.

Los imperios británico, francés y español

El período colonial en América del Norte estuvo plagado de incertidumbre, tensión y competencia feroz en todo momento. ¿Las leyes de quién debían ser seguidas? ¿Cómo desarrollarían los negocios, el comercio, la educación y la religión? ¿Cómo lidiarían con la esclavitud y cómo se relacionarían con las poblaciones indígenas nativas? Labrarse una existencia y establecer comunidades en medio de estas presiones fue realmente difícil.

Estos puestos de avanzada del colonialismo extranjero en América no estaban desarrollados en comparación con los estándares europeos, pero las potencias extranjeras intentaron mantener un control firme sobre ellos. Fue la visión y determinación de los reyes expandir y controlar sus crecientes imperios, a pesar de que a tal distancia esto resultaría extremadamente difícil.

Los franceses se asentaron principalmente en lo que ahora es el este de Canadá y Louisiana, y luego empujaron desde ambas direcciones a través de la parte central de los valles de los ríos para ganar influencia en toda la sección media del continente. Los ingleses se asentaron principalmente en la costa este y estaban decididos a establecer una colonización y un control en toda regla. Para el año 1750, el número de colonos ingleses había aumentado a alrededor de 1,5 millones, mientras que no había más de 80.000 franceses en América. Los franceses, sin embargo, tenían una ventaja en el trato con los pueblos indios nativos, ya que eran principalmente comerciantes, cazadores y exploradores. Debido a esto, los franceses invadieron mucho menos las tierras indias y, como resultado, pudieron formar alianzas con ellos.

A medida que ambas naciones se afianzaron en el continente, el siglo XVII permaneció relativamente pacífico en América. Durante este tiempo, ambos grupos estuvieron algo aislados y tolerantes entre sí. Sin embargo, hacia fines de ese siglo, las tensiones aumentaron y estallaron cuatro grandes guerras europeas e intercoloniales durante un período de sesenta y cuatro años. La última de estas cuatro, la Guerra Francesa e India, comenzó en Estados Unidos pero se convirtió en una guerra mundial por el dominio colonial. El resultado le dio a Inglaterra el control firme de los territorios franceses en América del Norte, además de arrebatarle Florida a los españoles. Esta guerra terminó en 1763, solo trece años antes de la Declaración de Independencia.

Los españoles se establecieron en Florida desde el principio y habían estado ocupados conquistando y colonizando gran parte del Caribe y América del Sur y Central, penetrando hasta lo que ahora es la parte suroeste de los EE. UU. La geografía y el enfoque del imperio español los mantuvieron desde muchos conflictos directos con los ingleses y los franceses (al menos en América del Norte) hasta la última parte de la guerra franco-india. Luego, en compensación por la pérdida de Florida, España recibió el territorio de Luisiana de Francia.

Sin embargo, a diferencia de lo que hicieron los españoles en Florida, muy pocos de los colonos franceses abandonaron Louisiana después de la guerra. El gobierno francés quería que se mantuvieran como un amortiguador contra una mayor expansión inglesa, pero en cambio erosionaron gradualmente la autoridad española en la región. En este momento, los franceses se quedaron sin territorio en América del Norte, y el poder británico reinaba supremo al este del Mississippi.

Una victoria agridulce

En 1763 los colonos de América compartieron la alegría patriótica de una gran victoria sobre Francia. Este momento de alegría, sin embargo, fue demasiado breve ya que el imperio inglés procedió a apretar los tornillos en las colonias. Los resentimientos subyacentes fueron acompañados por un sentimiento creciente de nacionalismo estadounidense. Los estadounidenses comenzaban a verse cada vez menos como ciudadanos británicos. El crecimiento de la economía estadounidense, la infraestructura social y los logros militares contribuyeron a estos crecientes sentimientos de independencia.

Mientras los británicos luchaban por lidiar con los desafíos compuestos de administrar vastos territorios en todo el mundo, surgió la pregunta de qué hacer con las colonias estadounidenses. El tema de la expansión hacia el oeste y el asentamiento de América pasó rápidamente a primer plano. Amenazados por los levantamientos indios, la agitación política interna en Inglaterra y la constante presión de los especuladores que querían desarrollar el Oeste, el gobierno británico decidió emitir una orden trazando una Línea de Proclamación a lo largo de la cima de las Montañas Apalaches. A los desarrolladores y colonos se les prohibió avanzar hacia el oeste más allá de este punto. Esta línea, por supuesto, no duró mucho y el empuje hacia el oeste continuó.

La creciente carga de los impuestos

Enfrentada a una deuda asombrosa y al aumento de los costos de apoyo y defensa de las colonias estadounidenses, la corona británica decidió que era hora de que las colonias compartieran una mayor parte de la carga mediante el aumento de los impuestos. El Parlamento británico aprobó varias leyes para promulgar impuestos más altos y hacer cumplir estas nuevas leyes. Por primera vez, el Parlamento adoptó políticas fiscales que tenían como objetivo no solo regular el comercio, sino específicamente aumentar los ingresos para el imperio.

Los británicos también extendieron el decreto que prohibía el uso de la moneda estadounidense como moneda de curso legal en todas las colonias. Esto alimentó más resentimiento y dificultades para una economía que ya sufría un declive comercial de posguerra. A esto se agregó la Ley del Timbre, que requería que se pagaran sellos fiscales y se adjuntaran a todos los documentos legales y material impreso, y la Ley de Acuartelamiento, que requería que las colonias proporcionaran alojamiento y suministros a las tropas británicas. El efecto acumulativo de estas medidas por parte de los británicos llevó la situación al límite. Los colonos ahora creían que Inglaterra había desatado sobre ellos una gran tiranía que había que resistir.

Los estadounidenses buscan la independencia

Durante años había estado surgiendo una ideología que veía la historia inglesa como una lucha para preservar la vida, la libertad y la propiedad contra la tiranía real. Las siguientes declaraciones ilustran este punto:

> Como la usurpación es el ejercicio del poder, al que otro tiene derecho; por tanto, la tiranía es el ejercicio de un poder más allá del derecho, al que nadie puede tener derecho. - John Locke, *Del gobierno civil*, 1689

> La tributación es el arte de desplumar el ganso, para obtener la mayor cantidad de plumas con la menor cantidad de silbidos. - Jean-Baptist Colbert, Ministro de Hacienda de Luis XIV

> El poder ilimitado tiende a corromper las mentes de quienes lo poseen; y esto sé, mis señores, que donde terminan las leyes, comienza la tiranía. -William Pitt

> El nivel más alto de prosperidad ocurre cuando existe una economía de libre mercado y un mínimo de regulaciones gubernamentales. - Adam Smith, *La Riqueza de las Naciones*

> Desde que llegué a la edad adulta y me familiaricé con la historia general de la humanidad, he sentido una sincera pasión por la libertad. La historia de las naciones condenadas a la esclavitud perpetua, como consecuencia de ceder a los tiranos sus libertades naturales, la leo con una especie de horror filosófico; de modo que el primer intento sistemático y sangriento, en Lexington, de esclavizar a América, electrificó

completamente mi mente y me determinó por completo a tomar parte con mi país. - Ethan Allen, citado en *Beards Basic History*

He jurado sobre el altar de Dios, eterna hostilidad contra toda forma de tiranía sobre la mente del hombre. - Thomas Jefferson

Los estadounidenses respondieron al abuso percibido del poder británico con una avalancha de discursos, panfletos y resoluciones coloniales. Comenzaron a resistir la idea de "tributación sin representación" con mítines, protestas y manifestaciones de todo tipo. Aunque esto involucró solo a una minoría de la población, estas personas fueron algunas de las más influyentes y vocales. En 1765 se reunieron en todas las colonias bajo los "Árboles de la Libertad" designados, y tres meses antes de la fecha oficial de inicio de la Ley del Timbre, una efigie de un agente de sellos colgó del Árbol de la Libertad en Boston y luego fue quemada.

La resistencia continuó, y la fecha de entrada en vigencia de la Ley del Timbre vino y pasó, sin que los colonos estadounidenses hicieran caso. En Nueva York, se desafió la Ley de Alojamiento. Los boicots a los productos británicos y otras resoluciones llevaron la situación a un punto crítico. Aunque el Parlamento finalmente revocó la Ley del Timbre, fue reemplazada inmediatamente por la Ley Declaratoria, más grave, que afirmaba el pleno poder del Parlamento sobre las colonias en todos los asuntos. La Ley de Ingresos de 1767 planteó entonces otra seria amenaza, ya que impuso más impuestos sobre las exportaciones coloniales y propuso pagar los salarios de los gobernadores coloniales y otros funcionarios.

Las protestas y los desafíos iban en aumento. En Boston, los Hijos de la Libertad se organizaron bajo el liderazgo de Samuel Adams, quien emergería como uno de los líderes prominentes de la Revolución Americana. En respuesta, dos regimientos de casacas rojas británicas llegaron a Boston a fines de 1768. Las tensiones continuaron aumentando hasta que un disturbio en Boston en 1770 resultó en una masacre de colonos por parte de las tropas británicas, lo que le dio a la resistencia sus primeros mártires. Las ondas de choque se sintieron en todas las colonias. Las colonias americanas comenzaron a darse cuenta de que tenían más en común entre sí que con Inglaterra, y comenzó a crecer un movimiento hacia la unificación de las colonias.

Si amen la riqueza más que la libertad, la tranquilidad de la servidumbre más que el animado concurso por la libertad, vuelvan a casa y déjanos en paz. No buscamos tu consejo, ni tus armas. Agáchate y lame la mano que te da de comer; y que la posteridad olvide que ustedes eran nuestros compatriotas.
- Samuel Adams

Después de otra temporada de aparente calma, la crisis empeoró en 1772, cuando una goleta británica fue incendiada frente a la costa de Rhode Island. El mismo año, Samuel Adams formó el primer "Comité de Correspondencia", que emitió declaraciones públicas de derechos y agravios. Esta idea pronto se popularizó y, en 1773, la asamblea de Virginia propuso la formación de una red de estos comités en todas las colonias. Más tarde ese mismo año, el té británico fue arrojado al puerto de Boston en reacción a la Ley del Té, provocando la ira del Imperio Británico. Se implementaron una serie de cuatro medidas para darle una lección a Boston y someterlos. Esto estaba destinado a proporcionar un ejemplo severo a todas las colonias, pero el plan fracasó y las colonias se unieron más en su causa.

En el otoño de 1774, con el impulso creciente de la independencia, se reunió el primer Congreso Continental en Filadelfia. Los delegados oficiales que enviaron fueron 12 de las colonias originales (todas excepto Georgia), el territorio de Florida y dos provincias canadienses, Quebec y Nueva Escocia. Este primer Congreso americano forjó posiciones claras en resistencia a la presión británica sobre las colonias. Con creciente audacia, los patriotas americanos tomaron más y más iniciativa hacia la libertad y la independencia.

La rebelión estalla

Los británicos respondieron con órdenes secretas para reprimir esta "rebelión abierta" en las colonias americanas. Rápidamente se trasladaron al depósito de suministros de la milicia en Concord, Massachusetts. Los patriotas locales se enteraron del plan y enviaron a Paul Revere y William Dawes en su famoso viaje para difundir la alarma. Revere llegó a Lexington alrededor de la medianoche y alertó a John Hancock y Samuel Adams. Allí, Dawes se encontró con Paul Revere, y el Dr. Samuel Prescott se unió a ellos para continuar con el mensaje a Concord, a unas veinte millas de distancia. Una patrulla británica los interceptó, pero Prescott pudo pasar y avisar a Concord.

A la mañana siguiente, unos setenta Minutemen se alinearon en Lexington y fueron confrontados por tropas británicas. La ira estalló en "el disparo que se escuchó en todo el mundo" cuando los ingleses atacaron a los colonos rebeldes, matando e hiriendo a muchos. Este evento encendió la guerra estadounidense por la independencia. Solo tres semanas después, cuando el Segundo Congreso Continental se reunió en Filadelfia, la milicia de Massachusetts estaba sitiando el Boston controlado por los británicos. A medida que se extendía la guerra, y aunque no tenían autoridad legal ni recursos, el Congreso Continental se vio obligado a asumir el papel de un gobierno revolucionario. Acordaron adoptar la variopinto milicia estadounidense alrededor de Boston y designaron a George Washington como general y comandante en jefe del Ejército Continental.

La propagación de las llamas de la independencia

A principios de 1776, Thomas Paine publicó un controvertido panfleto titulado *Common Sense* in Philadelphia. Antes de esto, la disputa de Estados Unidos había sido principalmente con el Parlamento británico, y solo un pequeño grupo de colonos militantes estaba siquiera considerando la independencia. Pero Paine procedió a exponer y atacar cualquier lealtad a la Corona británica y, por lo tanto, llevó el foco de la lucha a la persona promedio. A medida que la lucha se extendía y se hacía más intensa, también lo hacían los feroces mensajes de patriotas apasionados que pedían una resistencia total o total y la independencia de Inglaterra. El 4 de julio de 1776, el Congreso adoptó *la Declaración de Independencia* de Thomas Jefferson, que encarnaba la filosofía y los sueños de la independencia estadounidense.

> La Declaración unánime de los trece Estados Unidos de América; Cuando en el curso de los acontecimientos humanos se hace necesario que un pueblo disuelva los lazos políticos que lo han conectado con otro, y asumir entre los poderes de la tierra, la posición separada e igual a la que las leyes de la naturaleza y de la naturaleza Dios les dé derecho, un digno respeto a las opiniones de la humanidad exige que declaren las causas que los impulsan a la separación. Sostenemos que estas verdades son evidentes, que todos los hombres son creados

iguales, que están dotados por su Creador de ciertos derechos inalienables; que entre estos están la Vida, la Libertad y la búsqueda de la Felicidad; Que para asegurar estos derechos, se instituyen gobiernos entre los hombres, derivando sus justos poderes del consentimiento de los gobernados; Que cada vez que una forma de gobierno destruya estos fines, el pueblo tiene derecho a modificarla o abolirla e instituir un nuevo gobierno, sentando sus cimientos sobre tales principios y organizando sus poderes de tal forma que se ajusten a ellos. parecen más probables de afectar su seguridad y felicidad. - De *La Declaración de Independencia*

Una cosa era proclamar audazmente la independencia de Inglaterra, y otra cosa completamente distinta era ganar su independencia en el campo de batalla. Durante ocho largos años, los estadounidenses libraron una guerra agotadora contra viento y marea. Fueron severamente superados en número y desabastecidos, pero con gran coraje, determinación y tenacidad lucharon, hasta que la marea de la guerra finalmente cambió y la nación más grande del mundo se vio obligada a ceder, rendirse y retirarse.

Trazando un nuevo rumbo

Con poco más que coraje, determinación y la visión de un nuevo tipo de gobierno, los líderes de nuestra nación recién nacida trazaron un rumbo hacia lo desconocido. Durante la Guerra Revolucionaria y algunos años después, el gobierno estadounidense luchó por encontrar su camino a través de la niebla y la incertidumbre. Enfrentaron serios desafíos para apaciguar los diversos puntos de vista entre los estadounidenses, encontrar un equilibrio en la autoridad gubernamental estatal y federal y forjar una forma de gobierno completamente nueva.

En 1781, el Congreso ratificó los Artículos de la Confederación, pero la desconfianza residual por el gobierno centralizado dejó todo el poder real en manos de cada estado. Las deficiencias y los fracasos de este gobierno incipiente encendieron las respuestas vocales de quienes insistían en un gobierno federal fuerte y centralizado. Esta endeble estructura gubernamental inicial era incapaz de abordar los problemas y necesidades de la nación en crecimiento, y en 1787 se convocó una Convención Constitucional como un intento de resolver estos asuntos. Con James Madison emergiendo como la figura central de la convención y George

Washington presidiendo, la *Constitución de los Estados Unidos* fue adoptada después de meses de debate, declarando en su preámbulo:

> Nosotros, el Pueblo de los Estados Unidos, con el fin de formar una Unión más perfecta, establecer la Justicia, asegurar la Tranquilidad doméstica, proveer para la defensa común, promover el Bienestar general y asegurar las Bendiciones de la Libertad para nosotros y nuestra Posteridad, ordenamos y establecer esta Constitución para los Estados Unidos de América.

Nuestra herencia cristiana

Aunque ampliamente debatido, está claro a partir de las declaraciones y escritos de nuestros padres fundadores que la mayoría de ellos eran personas temerosas de Dios. Sus valores morales y perspectiva de la vida fueron moldeados principalmente por la Biblia y las creencias cristianas. Si bien es cierto que tenían diversas creencias y algunos eran deístas o estaban involucrados en la masonería, no hay duda de que sus creencias fundamentales incorporaron una cosmovisión cristiana y principios derivados de la Biblia. Considere esta muestra de declaraciones:

> Es imposible gobernar correctamente sin Dios y la Biblia.
> - Presidente George Washington

> El que introduzca en los asuntos públicos los principios de un cristianismo primitivo cambiará la faz del mundo. - Benjamin Franklin

> La religión que ha introducido la libertad civil es la religión de Cristo y sus Apóstoles. Este es el cristianismo genuino y a esto debemos nuestras constituciones libres de gobierno. -Noah Webster

> De todos los sistemas de moralidad, antiguos o modernos, que he observado, ninguno parece ser tan puro como el de Jesús. - Thomas Jefferson, en una carta a William Canby, 1813

> La historia más alta de la Revolución Americana es esta: conectó en un lazo indisoluble los principios del gobierno civil con los principios del cristianismo. - Presidente John Quincy Adams

La providencia ha dado a nuestro pueblo la elección de sus gobernantes. Y es deber, así como privilegio e interés, de una nación cristiana seleccionar y preferir cristianos para sus gobernantes. – John Jay, Primer Presidente del Tribunal Supremo

La ley humana debe descansar su autoridad en última instancia sobre la autoridad de esa ley que es divina. Lejos de ser rivales o enemigos, la religión y la ley son hermanas gemelas, amigas y asistentes mutuas. De hecho, estas dos ciencias chocan entre sí. - James Wilson, un firmante de la Constitución y un juez original en la Corte Suprema de EE. UU.

Los principios y preceptos morales contenidos en las Escrituras deben formar la base de todas nuestras constituciones y leyes civiles. - Noah Webster

La Biblia es la Roca sobre la que descansa esta República. - Presidente Andrew Jackson

Un extenso estudio de investigación realizado en la Universidad de Houston compiló y analizó las fuentes citadas por nuestros padres fundadores en sus escritos durante el período de formación de nuestra nación. En este estudio, se identificaron más de 3100 citas y los resultados fueron sorprendentes y abrumadores. Las personas que más citaron fueron el barón Charles de Montesquieu, Sir William Blackstone y John Locke. En comparación, sin embargo, un asombroso 34% de las citas de nuestros padres fundadores fueron directamente de la Biblia, ¡más que el total combinado de estos tres hombres! Y, por supuesto, estos hombres estaban fuertemente influenciados por las Escrituras, lo que se sumó a la profunda autoridad que la Biblia tenía en la formación de América.

En la década de 1830, un francés llamado Alexis de Tocqueville viajó a Estados Unidos para investigar la correlación entre el gobierno estadounidense y la religión. Escribiendo más tarde sobre sus hallazgos, declaró:

A mi llegada a los Estados Unidos, el aspecto religioso del país fue lo primero que me llamó la atención; y cuanto más tiempo permanecía allí, más percibía las grandes consecuencias políticas resultantes de este estado de cosas, al que no estaba acostumbrado. En Francia, casi siempre había visto el espíritu de religión y el espíritu de libertad siguiendo caminos diametralmente opuestos; pero en América hallé que estaban íntimamente unidos, y que reinaban en común sobre el mismo país. - Alexis de Tocqueville, *Democracia en América*

Exponiendo el mito de la democracia

A la mayoría de los estadounidenses de hoy se les ha hecho creer erróneamente que nuestra forma de gobierno estadounidense es una democracia. Nuestros padres fundadores tuvieron la oportunidad única de explorar todas las opciones antes de seleccionar una forma de gobierno para Estados Unidos. Habiendo experimentado de primera mano el gobierno tiránico de los reyes y la religión controlada por el estado, tomaron un curso completamente nuevo. Se mantuvieron alejados de las trampas de la dictadura, todas las formas de gobierno de una clase elitista e incluso el gobierno de la democracia.

Aunque el término "democracia" se usa ampliamente y se malinterpreta hoy en día, quienes forjaron nuestra nueva nación tenían un conocimiento firme de la historia y los efectos del gobierno democrático (gobierno de la mayoría). Entendieron claramente que el gobierno de la mayoría conduciría inevitablemente a la desigualdad, la injusticia y la opresión. Considere algunos de sus comentarios sobre este tema:

Las democracias siempre han sido espectáculos de turbulencia y contención; han sido encontrados alguna vez incompatibles con la seguridad personal o los derechos de propiedad; y han sido, en general, tan breves en sus vidas como violentas en sus muertes. - Presidente James Madison

Recuerde, la democracia nunca dura mucho. Pronto se consume, se agota y se asesina a sí mismo. Nunca hubo una democracia todavía que no se suicidara. - Presidente John Adams

Una democracia es un volcán que esconde los materiales ardientes de su propia destrucción. Estos producirán una erupción y llevarán desolación en su camino. La propensión conocida de una democracia es al libertinaje [licencia excesiva] que los ambiciosos llaman, y los ignorantes creen que es libertad. - Fisher Ames, autor del lenguaje de la Cámara para la Primera Enmienda

En la democracia... comúnmente hay tumultos y desórdenes... Por lo tanto una democracia pura es generalmente un muy mal gobierno. A menudo es el gobierno más tiránico del mundo. - Noah Webster

La democracia pura no puede subsistir mucho tiempo ni extenderse a los departamentos del estado; está muy sujeta al capricho ya la locura de la ira popular. - John Witherspoon, firmante de la Declaración

¡Se ha dicho que la democracia es como dos lobos y una oveja decidiendo qué almorzar! En una democracia no se protegen los derechos de quienes se encuentran en cualquier posición minoritaria y el gobierno basado en el principio de la ley cederá el paso a la opinión popular. Pronto seguirán el abuso, la injusticia y la corrupción.

El que quiere asegurar su propia libertad debe proteger incluso a su enemigo de la opresión. - Thomas Paine

Es malo ser oprimido por una minoría, pero es peor ser oprimido por una mayoría. Porque hay una reserva de poder latente en las masas que, si se pone en juego, la minoría rara vez puede resistir. Pero de la voluntad absoluta de todo un pueblo no hay apelación, ni redención, ni refugio sino la traición. - Lord Acton, *La Historia de la Libertad en la Antigüedad*

Formación de una República Constitucional

Sobre el yunque del debate, los artífices de nuestra república forjaron un gobierno basado en el principio de la ley, en lugar de en los linajes, las riquezas, el control eclesiástico o los ejércitos poderosos. En lugar de desarrollar una democracia donde una mayoría simple gobernaría y dictaría todos los asuntos, decidieron formar una República Constitucional, donde el pueblo estaría representado en el gobierno por verdaderos estadistas que fueran sus pares, no aristócratas o una clase profesional de políticos. Por lo tanto, se protegerían los derechos de todas las personas y de todas las minorías, y el propio gobierno tendría frenos y contrapesos, y solo se le permitiría tener un control o una influencia mínimos sobre la gente. Al adherirse a la Constitución y las Leyes de Dios, este gobierno estaría en jaque para su único propósito:

> Todavía una cosa más, conciudadanos, un gobierno sabio y frugal que impida que los hombres se dañen unos a otros, los dejará en libertad para regular sus propias actividades de industria y mejora, y no quitará de la boca del trabajo el pan que ha tenido. ganado Esta es la suma del buen gobierno. - Thomas Jefferson, primer discurso inaugural

Nuestros padres fundadores imaginaron una nación en la que el pueblo mismo sería la autoridad máxima o final, y que el gobierno funcionaría para proteger sus derechos inalienables y servir la voluntad del pueblo. Era un presupuesto básico que este gobierno solo podía funcionar correctamente con el "consentimiento de los gobernados". Al mismo tiempo, con una profunda convicción acerca de las tendencias egoístas y destructivas dentro de la naturaleza humana, se dieron cuenta de que sin las personas que se adhieren a una ley moral superior de Dios, sus planes más grandes podrían fallar eventualmente. Al salir de la Convención Constitucional en 1787, se le preguntó a Benjamin Franklin qué forma de gobierno tendría Estados Unidos, y él respondió: "Una república, si puedes conservarla".

Aunque se desafió con frecuencia, este ideal o sueño se mantuvo durante casi la mitad de la historia de nuestra nación, y los estadounidenses eran básicamente libres para vivir con poca interferencia del gobierno. Pero tal como se predijo, las tendencias malignas y corruptas dentro del hombre gradualmente comenzaron a conquistar y alterar la faz y el futuro de Estados Unidos.

La Constitución - Restricción del Gobierno Federal

Aunque la mayoría de los estadounidenses la malinterpretan hoy, había un propósito muy claro para la Constitución en la mente de nuestros padres fundadores: limitar y restringir el alcance y el poder del gobierno federal. Lee estas declaraciones por ti mismo:

> El gobierno no es razón; no es elocuencia; es fuerza! Como el fuego, es un sirviente peligroso y un amo temeroso. - George Washington

¿El gobierno nos teme? ¿O le tememos al gobierno? Cuando el pueblo teme al gobierno, la tiranía ha obtenido la victoria. ¡El gobierno federal es nuestro sirviente, no nuestro amo! - Thomas Jefferson

La Constitución no es un instrumento del gobierno para restringir al pueblo; es un instrumento para que el pueblo refrene al gobierno, para que no llegue a dominar nuestras vidas e intereses. - Patrick Henry

Los poderes delegados por la Constitución propuesta al gobierno federal son pocos y definidos. Las que han de permanecer en los gobiernos de los Estados son numerosas e indefinidas. La primera se ejercerá principalmente sobre objetos externos, como la guerra, la paz, la negociación y el comercio exterior; con lo cual estará conectado, en su mayor parte, el poder de imponer impuestos. - James Madison, *Los Papeles Federalistas, No. 45*

Los primeros tres artículos de la *Constitución de los Estados Unidos* describen y restringen específicamente las tres ramas de nuestro gobierno federal. Los artículos originales restantes se refieren a cuestiones de aclaración con los Estados y las responsabilidades del Gobierno Federal. El enfoque está claramente dirigido a resistir la tendencia a volver a una forma de gobierno centralizada y tiránica.

La *Constitución de los Estados Unidos*, aunque frecuentemente ignorada, mal citada y desobedecida, es muy clara en su lenguaje e intención. Sin pretender simplificar demasiado cuestiones complejas, me atrevo a decir que los políticos, los abogados y los jueces se pierden con demasiada frecuencia en su propio laberinto de interpretaciones e intereses personales. Cuando se compran y venden favores políticos; cuando el dinero dicta los votos; cuando el poder y el control es el objetivo, no los intereses o la voluntad del pueblo estadounidense; cuando las leyes no se hacen cumplir debido a excusas y lagunas artificiales; no puede sorprender que nuestro sistema de gobierno esté cayendo en tal desorden.

La Declaración de Derechos: Protección de los derechos de los estadounidenses

Incluso mientras se redactaba y ratificaba la Constitución, hubo un gran debate y un impulso generalizado para la inclusión de un conjunto fundamental de enmiendas que asegurarían y protegerían los derechos y libertades de los ciudadanos estadounidenses. En 1789, aproximadamente dos años después de la firma de la Constitución, el Congreso aprobó las primeras diez enmiendas, conocidas como la Declaración de Derechos. Estos derechos incluían la protección contra el tipo de abuso y tiranía gubernamentales infligidos a los colonos estadounidenses por Inglaterra.

Al articular claramente los derechos de las personas, los deberes y limitaciones del gobierno se aclararon con mayor detalle. Tal como está autorizado en la Constitución, se han agregado otras enmiendas durante el curso de la historia de nuestra nación.

Con la *Declaración de Independencia*, la *Constitución* y la *Declaración de Derechos* estableciendo una base sólida, Estados Unidos se dispuso a demostrar al mundo esta nueva forma de gobierno. El tiempo y la historia determinarían su éxito y la longevidad de su vida.

Capítulo tres

Expansión espontánea

Vinieron a América

Con todo un continente por explorar y desarrollar, América creció rápidamente en los primeros días de nuestra república. Miles de inmigrantes continuaron llegando a este país con la esperanza de descubrir la libertad, el tesoro y la prosperidad. Exploradores, pioneros y colonos experimentaron oportunidades aparentemente ilimitadas en este lugar llamado el Nuevo Mundo.

La naturaleza humana tal como es, los principios e ideales judeocristianos sobre los que se fundó nuestra nación a menudo dieron paso a los bajos deseos de lujuria, avaricia y codicia; esta lamentable realidad debe reflejarse en cualquier interpretación adecuada de nuestra historia nacional.

El "destino manifiesto" de Estados Unidos

En 1845, se publicó un artículo de revista que pretendía la idea de que Estados Unidos tenía un propósito especial, o "destino manifiesto", para expandir y controlar todos los territorios hasta el Océano Pacífico. Esta idea se extendió como un reguero de pólvora, alimentando los sueños de muchos estadounidenses y acelerando la expansión hacia el oeste. Los nacionalistas agresivos invocaron el destino manifiesto para justificar la expulsión de los indios, la guerra con México y la expansión estadounidense en Texas, California, el noroeste e incluso Cuba y partes de América Central. Esta idea de destino manifiesto también motivó a muchos pioneros, agricultores y predicadores que respondieron a los desafíos de nuevas y fértiles oportunidades.

Nuevos estados añadidos a la Unión

A medida que Estados Unidos se expandió hacia el oeste, se agregaron estados a la Unión. Para 1860, ya había un total de 33 estados, con varios ubicados al oeste del río Mississippi. Este proceso continuó hasta 1912 cuando Nuevo México y Arizona fueron admitidos en la Unión, elevando el número total de estados a 48 y completando el sueño encarnado en el concepto de destino manifiesto. Mucho más tarde, en 1959, nuevamente por medios cuestionables y controvertidos, el gobierno de los Estados Unidos agregó los estados de Alaska y Hawái.

Las guerras abundan en la América primitiva

Cansados de las políticas pacifistas de las administraciones, en 1810 los votantes reemplazaron a un gran número de representantes en el Congreso con una nueva generación de políticos jóvenes que más tarde serían conocidos como "halcones de guerra". Estos líderes entusiastas de segunda generación apoyaron ávidamente el expansionismo nacional, junto con la conquista de Canadá y los territorios españoles en Florida y el suroeste.

Después de la invasión y conquista de España por parte de Napoleón, la frontera suroeste de América del Norte estaba en un estado de agitación. Estados Unidos se aprovechó primero de esta debilidad española al tomar el control del oeste de Florida en 1811. Luego se hicieron esfuerzos encubiertos para derrocar al gobierno español en Texas. La efímera República de Texas colapsó solo dos años después.

La Guerra de 1812 encontró a Estados Unidos una vez más luchando contra los británicos, esta vez como aliado de Francia. Completamente desprevenido para la guerra, el ejército de los EE. UU. constaba de menos de 7.000 soldados; y la armada tenía menos de 20 embarcaciones.

Napoleón finalmente fue derrotado por los británicos en 1814 y, de repente, 18.000 soldados adicionales probados en batalla estaban disponibles para atacar a los Estados Unidos. Los estadounidenses repelieron la primera invasión inglesa, pero las derrotas posteriores y las campañas militares fallidas dieron como resultado que los británicos incendiaran Washington DC. Sin embargo, los británicos fueron rechazados mientras avanzaban hacia Baltimore. Esta batalla impulsó la escritura de *The Star Spangled Banner* de Francis Scott Key. Estados Unidos aguantó de alguna manera, sobreviviendo a duras penas, hasta que se firmó un tratado de paz con los británicos cansados de la guerra en 1815.

Durante la guerra de 1812, los indios nativos americanos, aliados de los británicos, también sufrieron grandes derrotas tanto en el norte como en el sur. Después de ser abandonados por los británicos cuando terminó la guerra, los indios entregaron a regañadientes la mayor parte de sus tierras al norte del río Ohio y en Alabama. Esto destruyó efectivamente su capacidad para resistir la expansión estadounidense hacia el oeste.

Inicialmente, el gobierno español (y más tarde también el gobierno mexicano) alentó la colonización estadounidense de Texas. Para 1830 había 16.000 estadounidenses viviendo en Texas y, a medida que este número seguía aumentando, también aumentaban las tensiones y los conflictos. En 1836, nació la República independiente de Texas, y la cuestión de la anexión a los Estados Unidos pronto se volvió muy controvertida, principalmente por el tema de la esclavitud y el equilibrio de poder en el Congreso.

Justo quince años antes de que nuestra nación se sumergiera en la Guerra Civil, se libró otra guerra con México, por primera vez completamente fuera del territorio de los Estados Unidos. Esto fue causado por el continuo avance de los pioneros estadounidenses hacia el suroeste. Los enfrentamientos frecuentes eventualmente estallaron en una controvertida guerra a gran escala con México. Jóvenes militares como Ulysses S. Grant, Robert E. Lee, Thomas "Stonewall" Jackson, William T. Sherman y George McClellan sirvieron en este conflicto. La victoria estadounidense en la guerra mexicana agregó medio millón de millas cuadradas de territorio a los Estados Unidos.

Aunque técnicamente no fue una guerra, también surgieron conflictos durante este período con los mormones, seguidores de una religión nacida en el norte del estado de Nueva York a principios de la década de 1820 bajo el liderazgo de José Smith. Las creencias y prácticas de los mormones molestaron e indignaron a muchos estadounidenses, y los mormones fueron empujados constantemente hacia el oeste; primero a Ohio, luego a Missouri y al oeste de Illinois. En 1844, José Smith y su hermano fueron asesinados mientras estaban en la cárcel, y poco después los mormones fueron conducidos al lejano territorio occidental de Utah por su nuevo líder, Brigham Young.

Las diversas tribus de indios americanos también fueron empujadas gradualmente más y más hacia el oeste. Varias de estas tribus se asentaron en lo que se designó como el Territorio Indio de Oklahoma. En aparente represalia contra el trato recibido por el gobierno de los EE. UU., varias de estas tribus, incluidos los cherokee, los chickasaw, los creek y los seminole, se unieron a la Confederación durante la Guerra Civil. Un jefe cherokee, Stand Watie, se desempeñó como general de brigada de la Confederación y no se rindió hasta un mes después de que terminó la guerra. Después de que terminó la Guerra por la Independencia del Sur, el gobierno federal procedió con su decidida conquista de los nativos americanos en el lejano oeste a través de una serie de conflictos más tarde llamados Guerras Indias.

Del mar al mar brillante

No hay duda de que la búsqueda estadounidense del destino manifiesto impulsó la expansión hacia el oeste de los Estados Unidos. Mientras eliminaba todos los obstáculos a su paso, la sed insaciable de expansión estadounidense solo encontraría su cumplimiento final en las costas del Océano Pacífico.

Capítulo cuatro

Conquista y centralización

La mayoría de nuestros padres fundadores tenían la firme convicción de que los gobiernos humanos poseían una fuerte tendencia a buscar más y más control si no se controlaban. La Constitución de los Estados Unidos fue diseñada para ser un fuerte elemento disuasorio de esta tendencia. Thomas Jefferson expresó este punto de vista cuando escribió:

> En cuestiones de poder, pues, no se hable más de la confianza en el hombre, sino atarlo del mal con las cadenas de la Constitución.

A pesar de estar dominados y controlados por el rey de Inglaterra, algunos líderes estadounidenses, desde los primeros días de nuestra nación, sintieron que era necesario crear un gobierno federal fuerte en lugar de una confederación informal de estados. Hombres como Alexander Hamilton, James Madison y John Jay impulsaron esta agenda durante años, pero fueron contrarrestados por otros que defendían diligentemente los derechos de los Estados individuales. En los primeros días de nuestra república no había partidos políticos, pero los partidos evolucionaron gradualmente a medida que las ideologías se solidificaban y la gente se daba cuenta de que podían ser más efectivos en grupos que cabildeaban por sus intereses. El debate sobre el gobierno limitado frente al centralizado continuó durante décadas, prevaleciendo la determinación estadounidense por la independencia y la libertad. En el famoso caso Marbury v. Madison de 1803, la Corte Suprema tomó esta decisión:

Todas las leyes que repugnan a la Constitución son nulas de pleno derecho. La Constitución es superior a cualquier acto ordinario de la Legislatura; la Constitución, y ninguna ley ordinaria, debe regir el caso al que ambas se aplican.

Otro ejemplo importante fue el debate sobre el uso de papel moneda y la intensa presión para crear un banco centralizado. En 1832, el presidente Andrew Jackson criticó a una delegación de banqueros diciendo:

Eres una guarida de víboras y ladrones. Tengo la intención de derrotarlos, y por el Dios eterno, los derrotaré.

El presidente Abraham Lincoln también se enfrentó a una seria amenaza de las instituciones bancarias durante la Guerra Civil, pero se negó persistentemente a permitir la creación de un banco central o la emisión de papel moneda con intereses. El comportamiento de estos hombres ejemplificó la determinación de preservar el espíritu de libertad que existió y prevaleció en los primeros años de nuestra república americana.

Durante la primera parte del siglo XIX, Estados Unidos también fue testigo del crecimiento de dos movimientos religiosos distintos. Uno fue el surgimiento del liberalismo religioso, conocido por su rechazo de las principales doctrinas cristianas y una interpretación literal de las Escrituras; y el otro fue un resurgimiento del avivamiento evangélico, conocido como el "Segundo Gran Despertar", que barrió la nación una vez más con entusiastas reuniones campestres, conversiones dramáticas y bautismos masivos. Charles Finney, uno de los predicadores más conocidos de esa época, hizo estos comentarios que vale la pena considerar nuevamente hoy:

La iglesia debe tomar el terreno correcto con respecto a la política... La política es parte de la religión en un país como este, y los cristianos deben cumplir con su deber hacia el país como parte de su deber hacia Dios... Dios bendecirá o maldecirá a esta nación de acuerdo con la rumbo que toman los cristianos en la política.

A mitad de este período, Estados Unidos y la mayoría de sus líderes aún se aferraban a la premisa fundamental de gobierno contenida en la Declaración de Independencia:

El único derecho legítimo para gobernar es la concesión expresa de poder por parte de los gobernados. - Presidente William Henry Harrison, discurso inaugural, 1841

Crecimiento de dos culturas distintas en América

A medida que América crecía, comenzaron a surgir dos subculturas interconectadas pero muy diferentes. La parte norte de la nación comenzó a desarrollar una economía industrializada vibrante, mientras que la parte sur del país, con su clima más cálido, siguió siendo principalmente agrícola. La población y la industria crecieron rápidamente en el norte, pero el sur proporcionó muchas de las exportaciones de la nación.

Desde los primeros días de la colonización, los negros de África fueron esclavizados y traídos a América para servir como sirvientes de sus amos blancos. La esclavitud apoyó la economía y el crecimiento de las colonias, y fue adoptada tanto por los comerciantes del norte como por los del sur. Considerados como inferiores, ya menudo maltratados, los esclavos realizaban las tareas serviles y el trabajo duro de la economía agrícola y el modo de vida.

A medida que estas dos culturas diversas continuaron desarrollándose, el Norte tuvo cada vez menos necesidad de mano de obra esclava y comenzaron a surgir sentimientos contra la esclavitud. Con mucha menos población e industria, una temporada de cultivo más larga y muchos más negros, el Sur se volvió más dependiente de la agricultura y, por lo tanto, del trabajo esclavo.

A medida que las diferencias entre estas dos regiones del nuevo país se hicieron más claras, la disparidad de población y el movimiento continuo hacia el oeste se combinaron para dar una clara ventaja a los estados del norte. En política esto se tradujo en mayores cantidades de dólares y votos, y el Sur comenzó a sentir la creciente presión de una influencia y una voz decrecientes.

La esclavitud en América y en todo el mundo

Lamentablemente, la esclavitud fue de la mano con el período de conquista colonial en muchas naciones. Le tomó una cantidad considerable de tiempo a la humanidad poner fin a este ciclo de esclavitud: desde 1774, cuando se formó el primer movimiento abolicionista en Inglaterra en vísperas de la Revolución Americana, hasta que los últimos vestigios de la esclavitud negra murieron en Brasil en 1888. Esclavitud gradualmente se extinguió en todo el mundo, pero solo Estados Unidos experimentó una guerra importante relacionada con las tensiones que rodearon el tema. En Estados Unidos, el problema finalmente se usó como una táctica de guerra para obtener apoyo y dividir aún más a la nación.

Debe entenderse claramente que la práctica del comercio de esclavos ya había sido prohibida por todos los estados mucho antes de que estallara la Guerra Civil. Según Jefferson Davis, él mismo un veterano militar y político antes de la guerra:

> La trata de esclavos había sido así firmemente abolida algunos meses antes del nacimiento del autor de estas páginas, y desde entonces nunca ha tenido existencia legal en ninguno de los Estados Unidos. La cuestión del mantenimiento o extinción del sistema de servidumbre de los negros ya existente en cualquier Estado, pertenecía exclusivamente a tal Estado.

En este sentido, Davis tenía razón, ya que la Constitución de los Estados Unidos no había otorgado autoridad al gobierno federal con respecto al tema de la esclavitud; por lo tanto, era un asunto que cada estado debía decidir. Con respecto al acalorado debate sobre la supuesta "extensión de la esclavitud" a los nuevos territorios de los Estados Unidos, Davis continuó diciendo,

> No hubo propuesta ni deseo por parte de los estados del sur de reabrir el comercio de esclavos, que habían sido los principales en suprimir, o aumentar el número de esclavos. Era una cuestión de distribución, o dispersión de los esclavos, más que de "la extensión de la esclavitud". La eliminación no es extensión. De hecho, si la emancipación fuera el fin a desear, la dispersión de

los negros en un área más amplia entre territorios adicionales, eventualmente para convertirse en Estados, y en climas desfavorables para el trabajo esclavo, en lugar de obstaculizar, habría promovido este objetivo al disminuir la dificultades en el camino de la emancipación final.

Con el crecimiento de la industrialización y el capitalismo, la esclavitud se volvió cada vez más antieconómica e ineficaz. Los esclavos no tenían incentivo alguno para mejorar sus habilidades o niveles de producción. La práctica parecía destinada a desaparecer. Para el año 1860, la práctica de la esclavitud en el Nuevo Mundo ya estaba en fuerte declive, incluso en el Alto Sur de los Estados Unidos. Se estima que en 1860 el número de blancos que eran propietarios de esclavos ya se había reducido a alrededor del 6%. En Estados Unidos, este problema finalmente pasó a primer plano y se utilizó como un punto de reunión militar para derrotar a los estados del sur en su búsqueda de la independencia.

El movimiento abolicionista gana impulso

En la sección norte del país, la gente comenzó a cuestionar con razón la moralidad de la esclavitud humana. William Lloyd Garrison de Massachusetts surgió como el abolicionista más famoso de la nación, y en 1829 pidió la emancipación inmediata de todos los esclavos. Para 1838, había más de mil grupos antiesclavistas en el Norte, con más de cien mil miembros. Frederick Douglas se convirtió en el principal líder negro de la nación y en el portavoz de los esclavos durante este período. El movimiento abolicionista siguió creciendo en número e influencia, atrayendo a todo tipo de personas, algunas conocidas y otras consideradas fanáticas.

En 1857, cuando las tensiones estaban llegando a un punto de ebullición por el tema de la esclavitud, la Corte Suprema de los Estados Unidos finalmente se vio obligada a pronunciarse sobre el famoso caso Dred Scott. Con la intención de resolver el problema de la esclavitud, el tribunal falló a favor de una fuerte posición a favor de la esclavitud y, en cambio, encendió la llama que pronto engulliría a toda la nación.

Algunos de los abolicionistas tomaron las armas y la violencia porque sus convicciones eran muy profundas. Una de esas personas fue John Brown de Connecticut, quien fue el catalizador del asesinato y el conflicto armado por el tema en Kansas. Más tarde, en 1859, John Brown volvería a ser fundamental en esta causa cuando lideró un intento fallido de liderar una revuelta de esclavos al apoderarse de un arsenal federal en Harpers Ferry, Virginia. Nada menos que Robert E. Lee, entonces coronel del ejército de los EE. UU., fue enviado para sofocar el levantamiento. Aunque Brown fue declarado culpable de traición y asesinato y luego ahorcado, sus esfuerzos profundizaron una vez más la crisis por la esclavitud.

El debate continúa

Políticos, terratenientes y empresarios comenzaron a polarizarse sobre este tema. En el Congreso, las diferencias e intereses seccionales se sumaron a las crecientes tensiones. Henry Clay comenzó a propugnar la colonización (enviar a los esclavos de regreso a África) como la única solución viable al problema de la esclavitud, un punto de vista que luego sería adoptado por uno de sus admiradores, Abraham Lincoln. Mientras hablaba ante la Corte Suprema en 1841, John Quincy Adams hizo estos comentarios sobre los esclavos capturados de la goleta Amistad, reflejando esta opinión común:

> Las personas antedichas, descritas como esclavos, son negros y personas de color, que han sido transportados desde África en violación de las leyes de los Estados Unidos. La Corte debería permitir a los Estados Unidos enviar a los negros a África.

Henry Clay, John C. Calhoun, el presidente Zachary Taylor, John Fremont y muchos, muchos otros se vieron envueltos en el debate sobre la admisión de nuevos estados como esclavos o libres, cuyo resultado amenazaría el equilibrio de poder en el Congreso y el futuro. de América. Antes de 1850, todavía estaba intacto un sistema bipartito, representado por los demócratas y los whigs. En solo unos pocos años, este sistema cayó en caída libre por los problemas de inmigración y la expansión de la esclavitud. De repente aparecieron en el escenario político otros partidos como el Partido Americano o "Know Nothings", el Partido Unión Constitucional y el Partido Republicano.

La nación estaba tan dividida por las elecciones presidenciales de 1860 que cuatro personas se postularon para presidente: Abraham Lincoln y Stephen Douglas en el Norte; y John Breckenridge y John Bell en el Sur.

Solo Douglas intentó una campaña a nivel nacional y el nombre de Lincoln ni siquiera apareció en la boleta electoral en 10 estados del sur. Al final, prevaleció Lincoln, ganando el norte más poblado, pero con menos del cuarenta por ciento del voto popular general.

Abraham Lincoln sobre la raza y la esclavitud

Pocos estadounidenses han leído alguna vez algunas de las declaraciones reales de Abraham Lincoln sobre los esclavos negros. En primer lugar, las creencias y la posición de Lincoln sobre la esclavitud eran, en el mejor de los casos, marginales. Sus puntos de vista sobre la raza y la integración de los negros son bastante reveladores:

> Toda la nación está interesada en que se haga el mejor uso de estos [nuevos] territorios. Los queremos para los hogares de los blancos libres. - Peoria Illinois, 1854

> Una separación de las razas es el único preventivo perfecto de la fusión. Hagámonos creer que es moralmente correcto y, al mismo tiempo, favorable, o al menos no contrario a nuestros intereses, trasladar al africano a su clima natal, y encontraremos la manera de hacerlo, por grande que sea la la tarea puede ser. - Springfield Illinois, 1857

> No tengo ningún propósito de introducir la igualdad política y social entre las razas blanca y negra. Hay una diferencia física entre los dos que, a mi juicio, probablemente prohibirá para siempre que vivan juntos en pie de perfecta igualdad. - Ottawa, Illinois, 1858

Sí, lo leíste bien; Lincoln no era amigo de los esclavos, y su propuesta para resolver los problemas de raza, integración y esclavitud era enviar a los esclavos de regreso a África. Estas declaraciones tampoco fueron aisladas o fuera de contexto; Eche un vistazo de cerca a estas declaraciones adicionales, ya que Lincoln habló sobre las opciones:

> Si todo el poder terrenal me fuera dado, no sabría qué hacer con la institución existente [de la esclavitud]. Mi primer impulso sería liberar a todos los esclavos y enviarlos de regreso a Liberia, a su tierra natal. Pero un momento de reflexión me

convencería de que, por muy alta que sea la esperanza -que creo que la hay- a la larga puede haber en esto, su ejecución súbita es imposible.

¿Entonces que? ¿Liberarlos a todos y mantenerlos como subordinados? Es bastante seguro que esto mejora su condición. Creo que no mantendría a ninguno de ellos en esclavitud de todos modos, pero el punto no está lo suficientemente claro como para denunciar a la gente. ¿Qué sigue? ¿Liberarlos y hacerlos nuestros iguales? Mis propios sentimientos no lo admitirán, y si los míos lo hicieran, bien sabemos que los de la gran masa de los blancos no lo admitirían. No podemos hacerlos iguales.

Diré entonces que no estoy, ni nunca he estado, a favor de lograr de ninguna manera la igualdad social y política de las razas blanca y negra, que no estoy a favor de hacer votantes o jurados de negros, ni de calificándolos para ocupar cargos públicos, ni para casarse con personas blancas; y diré además de esto que hay una diferencia física entre las razas blanca y negra que creo que prohibirá para siempre que las dos razas vivan juntas en términos de igualdad social y política. Y puesto que no pueden vivir así, mientras permanezcan juntos debe existir la posición de superior e inferior y yo, como cualquier otro hombre, estoy a favor de que se asigne la posición superior al hombre blanco.

Estas declaraciones se hicieron durante una serie de debates públicos entre Abraham Lincoln y Stephen Douglas mientras cruzaban el estado de Illinois en 1858. Los debates revelaron sus marcadas diferencias sobre el tema de la esclavitud. Douglas sostuvo la posición de que la esclavitud era una institución moribunda y, mientras tanto, debería manejarse a nivel local o estatal. Lincoln vio la esclavitud como un problema volátil y explosivo que amenazaba la unidad y la expansión futura de Estados Unidos. Incluso cuando fue elegido presidente, con los estados del Sur ya separándose de la Unión, declaró públicamente su posición "neutral" sobre el tema de la esclavitud:

No tengo ningún propósito, directo o indirecto, de interferir con la institución de la esclavitud en los Estados donde existe. Creo que no tengo ningún derecho legal para hacerlo, y no tengo ninguna inclinación a hacerlo. – Primer Discurso Inaugural, 1861

Mi principal objetivo en esta lucha es salvar la Unión, y no es ni salvar ni destruir la esclavitud. Si pudiera salvar la Unión sin liberar a ningún esclavo, lo haría; y si pudiera salvarlo liberando a todos los esclavos, lo haría; y si pudiera salvarlo liberando a unos y dejando a otros en paz también lo haría.

Las opiniones de Lincoln no cambiaron con el inicio de la guerra, como algunos podrían sugerir. Solo cinco meses antes de su Proclamación de Emancipación, mientras se dirigía a un grupo de negros libres en la Mansión Ejecutiva, hizo estos comentarios:

Si no fuera por tu raza entre nosotros, no habría guerra, aunque muchos hombres comprometidos en ambos bandos no se preocupan por ti de una forma u otra. Por lo tanto, es mejor para los dos estar separados. Tú y nosotros somos razas diferentes. En una palabra, sufrimos por ambos lados. Si se admite esto, proporciona al menos una razón por la que deberíamos estar separados. Sois hombres libres, supongo, pero incluso cuando dejáis de ser esclavos, todavía estáis lejos de ser puestos en igualdad con la raza blanca. Estás privado de muchas de las ventajas de las que disfruta la otra raza.

Menos de cuatro meses antes de la *Proclamación de Emancipación*, Lincoln hizo estos comentarios mientras se dirigía a una delegación abolicionista:

No planteo ninguna objeción a la esclavitud por motivos legales o constitucionales. Veo este asunto como una medida práctica de guerra, que se decidirá de acuerdo con las ventajas o desventajas que pueda ofrecer a la represión de la rebelión.

Incluso después de que emitió la Proclamación de Emancipación, todavía no hubo cambios en su posición:

He instado a la colonización de los negros, y continuaré. mi Proclamación de Emancipación estaba ligada a este plan. No hay lugar para dos razas distintas de hombres blancos en

Estados Unidos, y mucho menos para dos razas distintas de blancos y negros. No puedo concebir mayor calamidad que la asimilación del negro en nuestra vida social y política como nuestro igual.

Para la mayoría de nosotros hoy, estas declaraciones suenan radicales y extremadamente racistas. Sin embargo, pocos de nosotros nos tomamos el tiempo para aprender y comprender lo que realmente sucedió. Abraham Lincoln sugirió un plan de 20 años para devolver a los negros a África, y si su vida no hubiera sido truncada por el asesinato, lo más probable es que hubiera seguido ese gran plan.

Excluidos de la mayoría de los libros de texto de historia

La Proclamación de Emancipación de Lincoln, emitida a mediados de la Guerra por la Independencia del Sur, fue recibida con conmoción y fuerte resistencia por parte de muchos, incluso en los Estados del Norte. Oh, pero ¿por qué no leíste esto en tu libro de historia en la escuela? Hubo disturbios raciales en la ciudad de Nueva York y otras ciudades, al igual que más tarde hubo disturbios por el reclutamiento en todo el norte. Al menos 200.000 soldados de la Unión desertaron después de enterarse del discurso de Lincoln y otros 120.000 evadieron el servicio militar obligatorio. Al menos 90.000 de ellos huyeron a Canadá para evitar ser reclutados. Aparentemente, estos hombres habían estado dispuestos a arriesgar sus vidas para preservar la Unión, pero no para lograr la libertad de los negros.

Los que han escrito la historia a menudo hablan de los aproximadamente 180.000 negros que lucharon por la Unión y por su libertad durante la Guerra Civil. Lo que se omite convenientemente es el hecho de que, de acuerdo con las "reglas de la guerra", la propiedad de los rebeldes (incluidos sus esclavos) se consideraba decomisada por el gobierno federal. Esto resultó en el reclutamiento forzoso de muchos de estos negros en el ejército de la Unión. Además de esto, estaban las atrocidades horrendas y bien documentadas del ejército del Norte contra los negros en los estados del Sur.

¿Por qué tan pocos estadounidenses saben que en ese momento casi medio millón de negros ya se consideraban libres, la mayoría de ellos todavía viviendo en el Sur? ¿O que varias tribus de nativos americanos y aproximadamente 90.000 negros, tanto esclavos como libres, sirvieron en el ejército confederado en diversas capacidades durante la Guerra Civil? Estas flagrantes discrepancias han sido extraídas de nuestras lecciones de historia porque no se ajustan a la visión tradicional preconcebida.

La verdadera causa de la guerra civil estadounidense

¿Fue la guerra entre los estados realmente causada y peleada por la esclavitud? La mayoría de los estadounidenses en realidad no investigan los hechos; simplemente aceptamos la opinión general que nos ha sido transmitida. Esta visión superficial e inexacta enfatiza casi exclusivamente el tema de la esclavitud y presenta a Abraham Lincoln como un héroe que liberó a los esclavos y salvó a la Unión. ¡El problema es que hay agujeros en esta teoría!

Se han escrito volúmenes sobre las causas y los efectos de la Guerra Civil Estadounidense. Gran parte de lo que se ha escrito y enseñado ha llevado a los estadounidenses a creer que la guerra se libró principalmente por el tema de la esclavitud. Si bien no se puede discutir que hubo una tremenda tensión y diferencias seccionales sobre este tema, también debemos comprender los otros factores que contribuyeron a este amargo conflicto. Otras cuestiones culturales, económicas y comerciales también fueron causas importantes de las crecientes tensiones entre el Norte y el Sur.

> El ataque del Norte contra la esclavitud no fue más que una farsa engañosa diseñada para ocultar su deseo de control económico de los estados del Sur. - Charles Dickens

Creyendo en su derecho a la soberanía del Estado y el derecho a retirar su consentimiento de ser gobernados, los estados del sur se vieron presionados por un camino inquietantemente similar al que las colonias americanas habían enfrentado con los británicos menos de cien años antes. Hasta ese momento, el derecho de los estados a separarse de la Unión no solo era ampliamente aceptado, sino que había sido debatido e incluso considerado seriamente por otros estados, algunos incluso en el norte. Finalmente, el Sur se vio obligado a elegir este curso. Considere estos comentarios de los líderes del sur en ese momento:

El gobierno no tiene derecho a controlar la libertad individual más allá de lo necesario para la seguridad y el bienestar de la sociedad. Tal es la frontera que separa el poder del gobierno y la libertad del ciudadano o súbdito en el estado político. - John C. Calhoun, discurso ante el Senado, 1848

Ellos [los Secesionistas] apelaron a la Constitución, apelaron a la justicia, apelaron a la fraternidad, hasta que la Constitución, la justicia y la fraternidad ya no se escucharon en las salas legislativas de su país, y entonces, señor, se prepararon para la arbitraje de la espada; y ahora ves la bayoneta reluciente, y oyes el paso de hombres armados desde tu capital hasta el Río Grande. - Senador Robert Toombs, comentarios en el Senado, 1861

Nuestra posición política actual se ha logrado de una manera sin precedentes en la historia de las naciones. Ilustra la idea estadounidense de que los gobiernos se basan en el consentimiento de los gobernados, y que el pueblo tiene derecho a alterarlos o abolirlos a voluntad siempre que se vuelvan destructivos de los fines para los que fueron establecidos. - Jefferson Davis, discurso inaugural como presidente de los Estados Confederados de América, 1861

Aún así, una Unión que sólo puede ser mantenida por espadas y bayonetas, y en la que la lucha y la guerra civil han de ocupar el lugar del amor fraternal y la bondad, no tiene ningún encanto para mí. - Robert E. Lee, 1861

Abraham Lincoln admitió públicamente que su decisión de liberar a los negros fue una maniobra de guerra calculada para "preservar la Unión". En lugar de libertad, una América profundamente herida y dividida fue lanzada a una guerra que destrozó familias y una nación entera; una guerra que se cobró más de 600.000 vidas estadounidenses, más que todas nuestras otras guerras combinadas. La verdadera libertad, junto con la Constitución, fue sacrificada en el altar de la aspiración y el control políticos. Y luego, Estados Unidos se quedó con la tarea imposible de la Reconstrucción después de la Guerra Civil, incluida la asimilación de millones de esclavos liberados sin un plan claro o intención de integrarlos completamente en la sociedad.

Lincoln se aparta de la Constitución

Una de las paradojas a las que se hace referencia con frecuencia en este libro es la capacidad de los hombres, con aparente sinceridad, para proclamar una cosa y, sin embargo, en la práctica persiguen exactamente lo contrario. Aquí hay algunos ejemplos sorprendentes de esto por parte de Abraham Lincoln antes de su ascenso al poder:

> No interfieras con nada en la Constitución. Eso debe mantenerse, porque es la única salvaguarda de nuestras libertades. -Abraham Lincoln, 1856

> Creo que cada individuo tiene naturalmente el derecho de hacer lo que le plazca consigo mismo y con el fruto de su trabajo, en la medida en que no interfiera de ninguna manera con los derechos de cualquier otro hombre: que cada comunidad, como Estado, tiene derecho a hacer exactamente lo que le plazca. complace con todas las preocupaciones dentro de ese Estado que interfieren con el derecho de ningún otro Estado, y que el gobierno general, en principio, no tiene derecho a interferir con nada más que esa clase general de cosas que conciernen al todo. -Abraham Lincoln, 1858

> ¿Qué constituye el baluarte de nuestra propia libertad e independencia? No son nuestras almenas ceñudas, nuestras costas erizadas de mar, los cañones de nuestros vapores de guerra, o la fuerza de nuestro valiente y disciplinado ejército. Estos no son nuestra confianza contra la reanudación de la tiranía en nuestra bella tierra. Todos ellos pueden volverse contra nuestras libertades, sin que nos hagan más fuertes o más débiles para la lucha. Nuestra confianza está en el amor a la libertad que Dios ha plantado en nuestro seno. Nuestra defensa está en la preservación del espíritu que valora la libertad como herencia de todos los hombres, en todas las tierras, en todas partes. Destruye este espíritu y habrás plantado las semillas del despotismo alrededor de tus propias puertas. –Abraham Lincoln, 1858

Lo que realmente sucedió fue que Lincoln repetidamente hizo caso omiso de la Constitución de los EE. UU. para lograr su objetivo: la centralización del gobierno federal a toda costa. En realidad, procedió a dividir una nación, buscando luego reunirla en un nuevo gobierno centralizado. Como ha hecho a menudo a lo largo de nuestra historia, creó el caos para crear un "nuevo orden". La idea de "preservar la Unión" fue realmente una forma inteligente de crear un nuevo tipo de gobierno federal que no había existido hasta ese momento. Esto es lo que la sed de dinero, poder y control les hace a los políticos, hasta nuestros días.

Lincoln provocó una guerra con los estados del sur y luego procedió a derrotarlos a toda costa, no necesariamente para ganar la libertad y la igualdad para los negros, sino para solidificar su búsqueda de poder. En el camino, creó personalmente un nuevo estado (Virginia Occidental), suspendió el habeus-corpus (que requiere la acusación de un delito específico antes de ser encarcelado), aplastó a la prensa, envió a prisión a miles de disidentes del Norte, creó la Oficina de Impuestos Internos, instituyó el primer impuesto sobre la renta y autorizó la comisión de crímenes de guerra que hoy serían considerados inmorales y traicioneros. En el camino, advertencias como esta no fueron atendidas por los líderes estadounidenses:

> De la evidencia anterior no podemos escapar a la conclusión general de que el propósito de quienes están en el poder y quienes controlan la administración es sumergirnos en el despotismo: destruir finalmente esta vieja Unión y construir un gobierno sobre sus ruinas, en de acuerdo con los primeros motivos de una aristocracia privilegiada, o monarquía limitada. Nuestro gobierno está experimentando una revolución tanto en el Norte como en el Sur. El partido en el poder se ha puesto por escrito a favor de un gobierno diferente al de nuestros padres. Escupen y se burlan de la Constitución. - Stephen D. Carpenter, *Lógica de la Historia*, 1864

Al reflexionar sobre las políticas y prácticas de Lincoln, otros respondieron más tarde con fuertes críticas:

> Hice más por el siervo ruso al darle tierra y libertad personal que lo que Estados Unidos hizo por el esclavo negro liberado por la proclamación del presidente Lincoln. No puedo entender cómo ustedes, los estadounidenses, pudieron haber sido tan

ciegos como para dejar al esclavo negro sin herramientas para trabajar en su salvación. Al darle la libertad personal, le ha dado una obligación de cumplir con el estado que debe ser incapaz de cumplir. Sin propiedad de ningún tipo no puede educarse a sí mismo ni a sus hijos. Creo que debe llegar el momento en que muchos cuestionarán la forma de la emancipación estadounidense de los esclavos negros en 1863. El voto, en manos de un hombre ignorante, sin propiedad ni respeto propio, se utilizará en perjuicio del pueblo en largo; porque el rico, sin honor ni patriotismo alguno, la comprará, y con ella se inundan los derechos de un pueblo libre. - Alejandro II, emperador de Rusia

La Constitución de los Estados Unidos es una ley para los gobernantes y el pueblo, igualmente en la guerra y en la paz, y cubre con el escudo de su protección a toda clase de hombres, en todo tiempo y en toda circunstancia. Ninguna doctrina que implicara consecuencias más perniciosas fue inventada jamás por el ingenio del hombre que cualquiera de sus disposiciones puede suspenderse durante cualquiera de las grandes exigencias del gobierno. Tal doctrina conduce directamente a la anarquía o al despotismo. - David Davis, juez de la Corte Suprema de EE. UU., 1866

Reconstrucción: reconstruir una nación devastada por la guerra

Tambaleándose por el dolor y el sufrimiento agonizantes de la Guerra Civil, Estados Unidos luchaba ahora por recuperar su equilibrio y su destino. Desafortunadamente, algunas cosas habían sido alteradas permanentemente. Las garantías constitucionales de los derechos individuales y del Estado han sido violadas y socavadas. Al mismo tiempo, no había absolutamente ningún plan claro para reparar la brecha con los estados del sur, o para la asimilación de millones de esclavos liberados en la sociedad. El asesinato prematuro de Lincoln aseguró el caos que pronto seguiría.

Teniendo en cuenta lo poco que la mayoría de los estadounidenses entienden sobre la Guerra Civil, entienden aún menos sobre el período conocido como Reconstrucción. Hay una enorme cantidad de ignorancia y rechazo a preocuparse entre los estadounidenses modernos. Sin embargo, comprender este período de tiempo es una clave que revela un vínculo con el pasado de Estados Unidos hasta ese momento, y todo el camino hasta la política moderna.

Cuando Abraham Lincoln fue asesinado, el vicepresidente Andrew Johnson se convirtió en el líder de una nación en completa ruina. Johnson, quien era de Tennessee, era un "demócrata de guerra" que fue incluido en la boleta republicana en 1864 como un gesto de unidad nacional. Una vez en el poder procedió a irritar a los políticos de ambos sectores del país con sus declaraciones y políticas. Rápidamente quedó atrapado en el fuego cruzado y finalmente enfrentó un proceso de juicio político.

Habiendo sido completamente devastado por la Guerra Civil, el Sur estaba mal equipado para manejar este período volátil. Y el Norte enfrentó el enorme obstáculo de reconstruir y asimilar a un enemigo vencido y resentido de nuevo en la Unión. Las divisiones agudas sobre temas críticos relacionados con las relaciones raciales, la propiedad de la tierra, la afluencia de Carpetbaggers del norte, el ascenso del Ku Klux Klan y todas las formas de maniobras políticas continuarían plagando nuestra nación devastada por la guerra en las próximas décadas.

El salvaje oeste

Muchos estadounidenses tienen buenos recuerdos del llamado "Salvaje Oeste", popularizado por películas, programas de radio y televisión. Imágenes en nuestras mentes de las luchas entre pioneros y ladrones; vaqueros e indios; mineros de oro, especuladores y montañeses permanecen en nuestras mentes debido a esto.

Este período de nuestra historia fue uno de expansión estadounidense hacia una frontera donde la civilización y la ley fueron desafiadas en todo momento. Las pasiones desenfrenadas, los prejuicios, la ira y las capacidades limitadas de aplicación de la ley realmente forjaron un período único de la historia estadounidense.

Subyugación de los nativos americanos

Desde los primeros días de la colonización europea en América del Norte, los pueblos indios nativos americanos fueron considerados salvajes atrasados, una cultura inferior que se interponía en el camino de la civilización y el progreso. Algunos intentaron vivir e interactuar pacíficamente con los indios, pero los conflictos frecuentes se convirtieron en algo común. Las tribus indias fueron sistemática y repetidamente desplazadas, conducidas al oeste y luego reubicadas en reservas dictadas por el gobierno.

Después de conquistar el Sur y su búsqueda de la libertad y la independencia, el gobierno de EE. UU. volvió a centrar su atención en la amenaza percibida de las naciones indias. Estas tribus eran consideradas un obstáculo para el sueño del destino manifiesto. A medida que los exploradores y colonos estadounidenses continuaron su implacable avance hacia la costa occidental de América del Norte, pronto se hizo evidente que estas numerosas tribus indígenas se interponían nuevamente en el camino.

Habiendo expulsado a estos pueblos nativos de sus tierras durante más de dos siglos, los tratados y concesiones anteriores eventualmente darían paso al objetivo de poseer y controlar todo el continente. Muchos estadounidenses famosos, incluidos George Washington, Andrew Jackson, Davy Crockett, Zachary Taylor, Jefferson Davis, Kit Carson y muchos, muchos otros sirvieron al país en las muchas guerras que estallaron con los indios en el camino.

Después de la Guerra Civil Estadounidense, conocidos generales de la Unión, como William T. Sherman, Philip Sheridan y George Custer, fueron enviados para erradicar los problemas con los indios en el Oeste. Sometiendo una tribu tras otra, las Guerras Indias continuaron hasta que la última resistencia real fue sofocada con la rendición del jefe apache Geronimo en 1886. Después de los últimos suspiros de la rebelión de la Danza de los Fantasmas y la masacre en Wounded Knee, Dakota del Sur en 1891, los La amenaza percibida de las naciones indias terminó y estas personas que alguna vez fueron independientes y orgullosas fueron relegadas a vivir en reservas federales.

Estados Unidos se convierte en una potencia mundial

Cuando el mundo entró en la Revolución Industrial, Estados Unidos comenzó a emerger como una potencia mundial. Con un conocimiento científico en rápido aumento y la capacidad de mecanizar y producir en masa, Estados Unidos pudo expandirse a otro nivel de empresas lucrativas. Al mismo tiempo, los descubrimientos científicos y médicos comenzaron a desentrañar y explicar muchos misterios, brindando tratamientos y curas para muchas enfermedades y una mejor calidad de vida para las personas en general.

Inventores estadounidenses como Eli Whitney, Thomas Edison, Alexander Graham Bell, Henry Ford y muchos otros contribuyeron en gran medida al crecimiento y al aumento de la estatura internacional de Estados Unidos durante este tiempo. El advenimiento de la desmotadora de algodón, la locomotora de vapor, el telégrafo y el teléfono, la electricidad y las tecnologías de producción en masa afectaron dramáticamente al mundo. Con estos inventos, los cultivos, los minerales, los textiles, la maquinaria y las armas de fuego se podían producir en grandes cantidades por menos gastos.

A medida que la nación se acercaba al final del siglo XIX, todavía había voces ocasionales que se hacían eco de la visión de nuestros padres fundadores:

> Aunque el pueblo apoye al gobierno, el gobierno no debe apoyar al pueblo. - Presidente Grover Cleveland

> Patriotismo significa estar al lado del país. No significa estar del lado del Presidente o de cualquier otro cargo público, salvo exactamente en la medida en que él mismo está del lado de nuestro país. - Presidente Theodore Roosevelt

El crecimiento explosivo de la industria estadounidense, el comercio mundial, la fuerza militar y otros desarrollos internos prepararían el escenario para lo que vendría en el siglo XX. Con la voz y el papel cada vez mayores de Estados Unidos en los asuntos mundiales, la visión original de nuestros padres fundadores se estaba convirtiendo en un recuerdo lejano:

> Nuestra verdadera política es mantenernos alejados de enredar alianzas con cualquier parte del mundo extranjero. - George Washington

> Paz, comercio y amistad honesta con todas las naciones, sin enredar alianzas con ninguna. - Thomas Jefferson

Capítulo cinco

Motivos ocultos y engaño

El pueblo nunca renuncia a sus libertades sino bajo algún engaño. -Edmund Burke, 1784

Humo y espejos

El engaño es algo terrible: cuando realmente sucede, ¡ni siquiera te das cuenta! Quizás la forma más insidiosa de engaño es la forma que ocurre muy gradualmente, como creo que ha ocurrido aquí en Estados Unidos. Una analogía que uso a menudo compara el engaño nacional de nuestra nación con un paciente de hospital que se coloca en una línea de goteo intravenoso, excepto que en este caso el gobierno ha estado inyectando mentiras y cambios impensables en nuestro torrente sanguíneo tan lentamente que pocos de nosotros nos hemos dado cuenta. ! George Barna, conocido autor y encuestador, afirma en su libro *Frog in the Kettle*:

Las señales que necesitamos percibir no son vagas predicciones sobre el futuro, muchas son realidades presentes. El problema es que ocurren tan gradualmente que a menudo no los notamos. Es como la conocida historia de la rana y la tetera con agua. Coloque una rana en agua hirviendo y saltará inmediatamente porque se dará cuenta de que está en un ambiente hostil. Pero coloque una rana en una tetera con agua a temperatura ambiente y se quedará allí, contenta con ese entorno. Lentamente, muy lentamente, aumenta la temperatura del agua. Esta vez, la rana no salta, sino que se queda allí, sin darse cuenta de que el entorno está cambiando. Continúe subiendo el fuego hasta que el agua esté hirviendo. Nuestra pobre rana también será hervida, bastante contenta, tal vez, pero sin embargo muerta.

Los banqueros y los políticos adinerados han colaborado para idear y ejecutar algunos de los engaños más horribles de la historia sobre la gente de Estados Unidos. Ahora aprenderá cómo sucedió esto y cómo afectó dramáticamente la vida y la libertad en los Estados Unidos.

Una nación traicionada

Cuando Estados Unidos entró en el siglo XX, una nube oscura comenzó a crecer en el horizonte. Un estudio detallado de la historia revela una figura fuerte e influyente tras bambalinas en la vida del presidente Woodrow Wilson. Este hombre era el coronel Edward Mandel House, quien se convirtió en el consejero y confidente más íntimo de Wilson. De hecho, House se hizo tan cercano a Woodrow Wilson que algunos lo consideraban el verdadero presidente durante ese tiempo. Al propio Wilson se le atribuye haber dicho:

> El Sr. House es mi segunda personalidad. Él es mi yo independiente; sus pensamientos y los míos son uno. - *La amistad más extraña de la historia: Woodrow Wilson y Colonel House* - George Sylvester Viereck, 1932

Para comprender el significado de esta declaración, debemos comprender las creencias y la visión de Estados Unidos que tiene Edward Mandel House. Creía profundamente en la visión y las enseñanzas de Karl Marx. En una novela reveladora escrita por House, titulada Philip Dru, Administrator, el héroe ficticio es el gobernante absoluto de un Estados Unidos totalitario que reclama el tipo de socialismo soñado por Karl Marx. Este héroe lidera entonces un golpe militar, se erige en dictador, abole la Constitución e instituye reformas marxistas. Tanto en su libro como en la vida real, House impulsó la aprobación de un impuesto sobre la renta graduado y la creación de un banco central, ambos pilares del Manifiesto Comunista. Fue muy desafortunado para Estados Unidos que se acercara tanto a nuestro propio presidente. La relación entre el presidente Woodrow Wilson y el coronel Edward Mandel House realmente formó el telón de fondo de una de las peores traiciones de nuestra nación. En 1924, en su lecho de muerte, Woodrow Wilson admitió que había "traicionado a su nación".

Muchos años después, en 1933, el presidente Franklin D. Roosevelt escribió una carta a House con estas inquietantes declaraciones:

> La verdad real del asunto, como usted y yo sabemos, es que un elemento financiero en los grandes centros ha sido el dueño del gobierno de los Estados Unidos desde los días de Andrew Jackson. La historia describe a Andrew Jackson como el último presidente estadounidense verdaderamente honorable e incorruptible.

El fraude del siglo

A la luz del surgimiento global de Estados Unidos, y sintiendo la necesidad de una fuente mucho mayor de ingresos y control, los empresarios, banqueros y políticos comenzaron a colaborar en formas de crear una fuente ilimitada de dinero. Después de varios intentos fallidos de instituir un impuesto sobre los ingresos personales de los ciudadanos estadounidenses a principios del siglo XX, en 1910 se ideó una estrategia múltiple para lograr estos objetivos.

Este esquema tortuoso implicaba la creación y el control del flujo de recursos monetarios, y necesitaba una fuente, o reserva de dinero, de la cual extraer los fondos. Durante los siguientes años, como un reloj, el Congreso aprobó la Ley de la Reserva Federal, creó el Banco de la Reserva Federal y luego aprobó la Enmienda 16 a la Constitución, que supuestamente autorizó al gobierno a comenzar a gravar a los ciudadanos estadounidenses sobre sus ingresos personales.

La forma en que ocurrieron estos eventos fue secreta y engañosa. El plan inicial de la Reserva Federal se elaboró en una reunión secreta celebrada en 1910 en la finca privada de John D. Rockefeller en la isla Jekyll frente a la costa de Georgia. Viajando en secreto, asistieron a esta reunión Nelson W. Aldrich, senador de Rhode Island; Abraham P. Andrew, subsecretario del Tesoro de los Estados Unidos; Frank A. Vanderlip, presidente del National City Bank de Nueva York; Henry P. Davidson, socio mayoritario de JP Morgan Company; Charles D. Norton, presidente del First National Bank of New York de JP Morgan; Benjamin Strong, director de Bankers Trust Company de JP Morgan; y Paul M.

Warburg, socio de Kuhn, Loeb & Company, representante de la dinastía bancaria Rothschild en Inglaterra. Aunque los historiadores negaron esto durante muchos años, e incluso ahora afirman que la reunión fue "relativamente insignificante", ahora está bien documentado que estos hombres, de hecho, se reunieron y llegaron a un acuerdo para la estructura y operación de un cartel bancario que minimizaría la competencia y maximizaría sus propias ganancias. . Esta reunión creó el modelo para el Sistema de la Reserva Federal.

Unos veinticinco años después, uno de los hombres presentes en Jekyll Island finalmente confesó la verdadera naturaleza de su reunión de diez días:

> Hubo una ocasión, cerca de fines de 1910, en la que expresé en secreto, de hecho, tan furtivamente como cualquier conspirador, nuestra expedición secreta a la isla Jekyll como la ocasión de la concepción real de lo que finalmente se convirtió en el Sistema de la Reserva Federal. - Frank Vanderlip, *The Saturday Evening Post*, 1935

El año infame de 1913

En la mente de estos hombres, este flujo de ingresos requería mayores impuestos sobre los ciudadanos promedio que, a su vez, los haría ricos y poderosos. Después de que se sentaron las bases en Jekyll Island, el Congreso finalmente impulsó la ratificación de la Enmienda 16 en 1913, a pesar de que la extensa investigación realizada por Bill Benson, presentada en su libro The Law That Never Was, ha demostrado claramente que un número suficiente de estados nunca ratificaron oficialmente esta enmienda. Estos banqueros privados en realidad convencieron al entonces Secretario de Estado Philander Knox para que mintiera al pueblo estadounidense, diciéndoles que la Enmienda 16 había sido ratificada legalmente por los estados. Este hecho ha sido admitido recientemente en un caso judicial:

> Si examinara cuidadosamente la Enmienda 16, encontraría que un número suficiente de estados nunca ratificaron esa enmienda. - Juez del Tribunal de Distrito de EE. UU. James C. Fox, 2003

Más tarde, en 1913, el Congreso aprobó la Ley de impuestos sobre la renta de 1913 y la Enmienda 17, que cambió el proceso de selección de los senadores de nombramiento a voto popular. Luego, hacia el final del año, con la mayor parte del Congreso ya en receso por las vacaciones, la Ley de la Reserva Federal fue aprobada por el Congreso. La pesadilla había comenzado: se había creado un sistema bancario centralizado a través de la Reserva Federal y se había creado una fuente de ingresos prácticamente ilimitada mediante la legalización inmoral e inconstitucional del impuesto sobre la renta de las personas físicas.

Los medios propiedad de Rockefeller anunciaron estos eventos como una autorización para imponer un impuesto directo sobre la renta personal al pueblo estadounidense. Sin embargo, la Corte Suprema de los EE. UU. dictaminó lo contrario en los siguientes casos poco después:

> La proposición y los argumentos bajo la Enmienda 16 harían que una disposición de la Constitución destruyera otra; la Enmienda 16, correctamente interpretada, se limita a los impuestos indirectos y por ello es constitucional. La tributación sobre la renta era por naturaleza un impuesto especial.
> - Brushaber contra Union Pacific Railroad, 1916

> La 16ª Enmienda no confirió ningún nuevo poder de imposición. - Stanton v. Baltic Mining, 1916

> La Enmienda 16 no extiende el poder de imposición a sujetos nuevos o exceptuados. Tampoco puede sostenerse el impuesto sobre la persona, medida por la renta. Tal impuesto sería por naturaleza una capitación en lugar de un impuesto especial.
> - Peck contra Lowe, 1918

> La Enmienda 16 debe interpretarse en relación con las cláusulas tributarias de la Constitución original. Los ingresos se derivan del capital, una ganancia o beneficio, separado del capital. Nada más responde a la descripción. - Eisner contra Macomber, 1920

Claramente, la Enmienda 16 no creó legalmente un nuevo poder de imposición sobre los ingresos personales de los ciudadanos estadounidenses, aunque la ilusión de esto se ha mantenido con éxito durante todos estos años. El verdadero motivo y la ética de este cartel bancario quedan expuestos por estos esquemas diabólicos para defraudar al pueblo estadounidense. Unos años más tarde, el presidente Woodrow Wilson, quien promulgó la Ley de la Reserva Federal, admitió con profundo pesar:

> Soy un hombre muy infeliz. He arruinado sin querer a mi país. Una gran nación industrial está ahora controlada por su sistema de crédito. Ya no somos un gobierno por libre opinión, ya no somos un gobierno por convicción y el voto de la mayoría, sino un gobierno por la opinión y coacción de un pequeño grupo de hombres dominantes. - Woodrow Wilson, 1919

Exponiendo a la Reserva Federal

La mayoría de los estadounidenses piensan ingenuamente que el Banco de la Reserva Federal es parte de nuestro gobierno federal. ¡Nada mas lejos de la verdad! La Reserva Federal no es más parte del gobierno que Federal Express, ¡y en realidad tampoco hay reservas! Verifique usted mismo si están listados en la guía telefónica en las páginas azules del gobierno o en la sección comercial. La Fed, como comúnmente se le llama, es de hecho un cártel bancario de propiedad privada y controlado por banqueros extremadamente ricos, muchos de ellos extranjeros. Una vez más, este hecho ha sido confirmado por muchos, pero oculto al pueblo estadounidense.

> Este acto establece la confianza más gigantesca en la tierra. El gobierno invisible por el poder del dinero ahora será legalizado. La nueva ley creará inflación cada vez que el fideicomiso quiera inflación. A partir de ahora las depresiones serán creadas científicamente. - Senador Charles Lindberg, Sr.

> Desde un punto de vista legal, estos bancos son corporaciones privadas, organizadas bajo una ley especial del Congreso, denominada Ley de la Reserva Federal. - William Harding, gobernador de la Junta de la Reserva Federal, en un discurso de 1921

> Tenemos en este país una de las instituciones más corruptas que el mundo haya conocido jamás. Me refiero a la Junta de la Reserva Federal y los Bancos de la Reserva Federal. Algunas personas piensan que los Bancos de la Reserva Federal son

instituciones del gobierno de los Estados Unidos. No son instituciones gubernamentales. Son monopolios privados de crédito que se aprovechan de la gente de los EE. UU. para su propio beneficio y el de sus estafadores extranjeros y nacionales, y los prestamistas de dinero ricos y depredadores. El saqueo de Estados Unidos por parte de la Fed es el mayor crimen de la historia. - Congresista Louis T. McFadden (durante 22 años presidente de la Comisión Bancaria y Monetaria de EE. UU.), discurso ante el Congreso, 1932

Concluimos que los Bancos de la Reserva Federal no son federales, sino corporaciones independientes, de propiedad privada y controladas localmente sin la dirección diaria del gobierno federal. - Tribunal del Noveno Circuito, Lewis c. Estados Unidos, 1982

El Banco de la Reserva Federal se inspiró en el Banco de Inglaterra de Rothschild y el Reichsbank de Alemania, sistemas bancarios centralizados en Europa controlados por familias bancarias ricas. Por increíble que parezca, la Reserva Federal nunca ha sido auditada por la Oficina de Contabilidad General. Además, gracias a una exención especial del Congreso, la Reserva Federal tampoco paga impuestos sobre la renta. ¡Eso es increíble!

¿Qué causó realmente la Gran Depresión?

A menudo escuchamos a expertos financieros analizar o predecir los mercados bursátiles y nuestra economía, aunque la mayoría de los estadounidenses tienen grandes dificultades para comprender su jerga y lógica. Lo que la mayoría de nosotros tampoco entendemos es cómo un evento como la Gran Depresión, o la amenaza de un futuro colapso económico, podría tener lugar.

Milton Friedman, uno de los economistas más respetados, aunque a veces fuera de sintonía, del siglo XX, echó la culpa de la Gran Depresión directamente sobre los hombros de la Reserva Federal. En una entrevista de 2000 con PBS, declaró:

Bueno, tenemos que distinguir entre la recesión de 1929, las primeras etapas, y la conversión de esa recesión en una gran catástrofe. La recesión fue un ciclo económico ordinario. Tuvimos recesiones repetidas durante cientos de años, pero lo que convirtió a esta en una gran depresión fue la mala política monetaria. El Sistema de la Reserva Federal se había establecido para evitar lo que realmente sucedió. Se creó para evitar una situación en la que tendrías que cerrar bancos, en la que tendrías una crisis bancaria. Y, sin embargo, bajo el Sistema de la Reserva Federal, tuviste la peor crisis bancaria en la historia de los Estados Unidos. No hay otro ejemplo que se me ocurra de una medida gubernamental que haya producido resultados tan claramente opuestos a los que se pretendían.

La opinión de Friedman, por supuesto, ha sido ignorada por la mayoría, sin embargo, el actual presidente de la Fed, Ben Bernanke, admitió esto en un discurso en honor a Friedman en 2002:

Fue en gran parte para mejorar la gestión de los pánicos bancarios que la Reserva Federal se creó en 1913. Sin embargo, como Friedman y [Anna J.] Schwartz analizan con cierto detalle, a principios de la década de 1930 la Reserva Federal no cumplía esa función. Permítanme terminar mi charla abusando un poco de mi condición de representante oficial de la Reserva Federal. Me gustaría dar las gracias a Milton y Anna: con respecto a la Gran Depresión, tienes razón, lo logramos. Lo sentimos mucho. Pero gracias a ti, no lo volveremos a hacer.

Nuestro verdadero ciclo monetario

Para comprender la importancia de este esquema de banca central, debemos entender cómo funciona nuestro ciclo monetario básico. Primero, el Tesoro de EE. UU. ordena a su Oficina de Impresión y Grabado que imprima algo de dinero, que luego vende al Tesoro de EE. UU. al costo. Luego, al recibir una orden de más dólares de la Reserva Federal, el Tesoro vende el dinero a la Reserva Federal, nuevamente al costo. Y ahora ocurre la magia: cuando el Congreso alerta al Tesoro que necesita dinero para operar, el Tesoro ahora solicita un "préstamo" de la Reserva Federal y emite bonos del gobierno como garantía de estas deudas. La Reserva Federal, después de hacer los asientos de diario correspondientes, ahora presta el mismo dinero al gobierno, ¡al valor nominal total de la moneda! ¡Y te dijeron que el dinero no crecía en los árboles! Luego, para empeorar las cosas, por supuesto cobran intereses sobre estos préstamos, y el pueblo estadounidense paga la cuenta.

> Cobraremos intereses sobre el dinero que creamos de la nada.
> - John Houblon, Primer Gobernador, Banco de Inglaterra

> Cuando usted o yo emitimos un cheque, debe haber fondos suficientes en nuestra cuenta para cubrir ese cheque; pero cuando la Reserva Federal emite un cheque, está creando dinero.
> - De un folleto llamado *Putting it Simply*, publicado por el Banco de la Reserva Federal de Boston

Este dinero, que se crea de la nada en primer lugar, se basa únicamente en la deuda y ya no está respaldado por oro y plata. Este sistema bancario se llama banca de reserva fraccionaria, y la moneda en sí se conoce como dinero fiduciario. ¡Este sistema mágico crea nuevos préstamos de la nada con meros asientos contables! El medio para controlar la inflación que normalmente resultaría de este tipo de actividad demente es el impuesto sobre la renta personal. El impuesto sobre la renta inhibe efectivamente la hiperinflación al desviar dólares que de otro modo se gastarían o invertirían, manteniendo esos dólares bajo el control del sistema bancario. El verdadero propósito, aunque oculto, del impuesto sobre la renta, por lo tanto, es proporcionar una válvula de seguridad para el papel moneda fiduciario de la Reserva Federal al inhibir el efecto inflacionario del gasto público derrochador e ilimitado.

¿Ya tienes la imagen? ¡Esto es esencialmente una falsificación legalizada! Sin embargo, de la misma manera que con el Código Fiscal del IRS, una persona promedio no puede comprender el laberinto o la terminología utilizada por los defensores de estos esquemas.

El arma de los impuestos ataca de nuevo

Estados Unidos no tuvo impuestos sobre la renta personal durante los primeros 135 años de la existencia de nuestra nación, a excepción del impuesto sobre la renta que Abraham Lincoln impuso a los estados del norte durante la Guerra Civil. Las crecientes empresas bancarias hicieron varios intentos fallidos de instituir un impuesto sobre la renta hacia finales del siglo XIX y principios del XX. Sus argumentos fueron llevados ante los tribunales varias veces (incluida la Corte Suprema de los EE. UU.), pero fueron fallados consistentemente en contra. Se entendía claramente que el impuesto sobre la renta estaba relacionado con las ganancias o utilidades de las empresas o corporaciones:

> Impuesto sobre la Renta: Impuesto sobre las utilidades anuales provenientes de la propiedad, profesiones, oficios y oficios.
> - *Black's Law Dictionary,* segunda edición, 1891

Los historiadores han estimado que el siervo promedio en la Edad Media pagaba alrededor del 25% de su trabajo a su señor o terrateniente. ¡En Estados Unidos, los colonos se rebelaron contra Gran Bretaña cuando la carga fiscal alcanzó alrededor del 5%! Pero hoy, en países donde se admite abiertamente el socialismo modificado, la carga fiscal ronda el 50%, no muy diferente de la nuestra, cuando se combinan todas las diferentes formas en que se nos grava. ¡Hoy, el estadounidense promedio dona aproximadamente los primeros 30 minutos de cada hora para pagar impuestos! O, para verlo de otra manera, pagamos hasta casi junio de cada año solo para alimentar a nuestra burocracia gubernamental.

> Cuando hay impuesto sobre la renta, el justo pagará más y el injusto menos sobre la misma renta. - Platón, *La República*

El impuesto sobre la renta original instituido en Estados Unidos en 1913 era solo del uno por ciento, y solo para las personas que ganaban más de $ 20,000, una suma de dinero bastante grande en esos días. Este comienzo pequeño y engañoso, sin embargo, abrió la puerta solo un poco, y los políticos se han aprovechado cada vez más de él desde entonces. Todavía en la década de 1950, el impuesto sobre la renta del hogar promedio todavía era solo alrededor del 2% de sus ganancias. Este porcentaje se ha disparado desde entonces.

El fraude impuesto al pueblo estadounidense ha sido tan extenso y el encubrimiento tan elaborado que hoy en día se le considera un chiflado si cuestiona o desafía estos temas. Aún así, en el camino, algunos han sido lo suficientemente valientes como para hablar:

> Lo más difícil del mundo de entender es el impuesto sobre la renta. - Albert Einstein

No me gusta el impuesto sobre la renta. Cada vez que hablamos de estos impuestos nos ronda la idea de 'de cada cual según su capacidad ya cada cual según sus necesidades'. Eso es socialismo. Está escrito en el *Manifiesto Comunista*. Tal vez deberíamos ver que cada persona que recibe una declaración de impuestos reciba una copia del Manifiesto Comunista para que pueda ver lo que le está pasando. - T. Coleman Andrews, Comisionado de Impuestos Internos, EE. UU. Noticias e informe mundial, 1956

En una conversación reciente con un funcionario del Servicio de Impuestos Internos, me sorprendió cuando me dijo que "si los contribuyentes de este país alguna vez descubren que el IRS opera con un 90% de mentiras, todo el sistema colapsará". - Henry Bellmon, Senador, 1969

Nuestro sistema fiscal federal es, en resumen, completamente imposible, completamente injusto y completamente contraproducente; apesta a injusticia y es fundamentalmente antiestadounidense. Se ha ganado una rebelión y es hora de que nos rebelemos. - Presidente Ronald Reagan, 1983

La mayoría de los estadounidenses supone que nuestros impuestos sobre la renta se utilizan para financiar los muchos programas y servicios que proporciona el gobierno. Sin embargo, a pesar de esta ilusión, por lo general es bastante sorprendente para las personas saber que este no es el caso en absoluto. En 1984, el presidente Ronald Reagan ordenó una auditoría especial del gasto público, conocida como el *Informe de la Comisión Grace*. En cuanto al uso de los ingresos del impuesto a la renta, este extenso informe concluyó:

El cien por ciento de lo recaudado es absorbido únicamente por los intereses de la deuda federal. Todos los ingresos del impuesto sobre la renta individual desaparecen antes de que se gaste un centavo en los servicios que los contribuyentes esperan del gobierno.

¿Cómo te sientes después de leer esto? ¿Quién sufre más con esta pesada carga fiscal? ¿Son los ricos, que son capaces de invertir, controlar y crear lagunas para ellos mismos para evitar pagar sus impuestos? ¿O son los pobres, quienes se benefician de la multitud de programas de asistencia social patrocinados por el gobierno que se utilizan de forma deliberada para redistribuir la riqueza y comprar la opinión y los votos populares? Debe quedar muy claro que es la clase media la que lleva la peor parte de esta carga. La clase media estadounidense debería estar en la lista de casi extinción. Solo piénsalo bien, ¿quién sale ganando al final? ¿Quién saca dinero de cada transacción y se beneficia de todo esto? Es hora de que nos rebelemos contra este fraude e injusticia.

El efecto de años de mentiras y engaños

¿Qué sucede cuando múltiples capas de mentiras y engaños se vuelven comunes y fácilmente aceptados por la gente? Empezamos a creer que esto es normal y esperable, o que no hay nada que podamos hacer al respecto. Y cuando el engaño se extiende por varias generaciones, de modo que la gente ni siquiera recuerda lo que pasó, los efectos son devastadores. El resultado es que abundan la ignorancia y la apatía, y la tiranía ha logrado una gran victoria.

¿Recuerdas la Constitución?

Los documentos fundacionales de nuestra República Americana se basan en "verdades evidentes" de que nuestros derechos inalienables provienen de Dios, que el pueblo mismo formó o creó el gobierno, que el derecho del gobierno a gobernar solo viene con nuestro consentimiento, y que el pueblo mismo son la autoridad final. Estos documentos enumeran claramente un sistema de gobierno que tiene frenos y contrapesos incorporados, si se siguen. artículo primero; La Sección 8 de la Constitución de los EE. UU. claramente asigna la responsabilidad de crear y administrar nuestro suministro de dinero al Congreso:

> Para acuñar dinero, regular el valor del mismo y de las monedas extranjeras, y fijar el patrón de pesos y medidas; para prever el castigo de la falsificación de valores y moneda corriente de los Estados Unidos.

El argumento común de que esta responsabilidad ha sido delegada por el Congreso a la Reserva Federal es inmoral, ilegal e inconstitucional, como lo es la creación del Servicio de Impuestos Internos para hacer cumplir la recaudación de impuestos sobre la renta, con base en lo que el IRS llama "cumplimiento voluntario". La Décima Enmienda a la *Constitución*, parte de nuestra *Declaración de Derechos* original, también establece claramente:

> Los poderes no delegados a los Estados Unidos por la Constitución, ni prohibidos por ella a los Estados, están reservados a los Estados respectivamente, o al pueblo.

Cuando uno realmente estudia la Constitución y la Declaración de Derechos, entendemos que la intención principal era definir, limitar y restringir el gobierno federal y preservar las libertades de los ciudadanos estadounidenses. No tenemos que ir muy lejos hoy para ver que la mayoría de los políticos, funcionarios gubernamentales y personal encargado de hacer cumplir la ley violan la Constitución todos los días, a pesar del juramento que han hecho para defenderla. El engaño ahora es tan generalizado que la gran mayoría de los estadounidenses no se dan cuenta de la enormidad de lo que ha ocurrido o de lo que se ha perdido en el proceso.

Capítulo Seis

Enemigos entre nosotros

En mis estudios de la historia estadounidense, uno de los descubrimientos más destacados e irónicos ha sido que muchos estadounidenses influyentes, incluidos algunos de nuestros presidentes, han sostenido puntos de vista teóricos que defienden la Constitución al tiempo que permiten que sus prácticas y políticas violen sus principios esenciales. Los ideales construidos en los documentos fundacionales de nuestra nación han cedido con frecuencia a un anhelo persistente de riquezas, poder y control.

Un monstruo en constante crecimiento

Como predijeron varios de nuestros padres fundadores, la virtud y la moralidad han cedido el paso con demasiada frecuencia a la codicia, la conveniencia y las maniobras políticas. El objetivo obvio de nuestros líderes nacionales durante bastante tiempo ha sido expandir y alimentar al monstruo en constante crecimiento que es nuestro gobierno federal. Este impulso implacable para expandir el gobierno federal inicialmente buscó establecer un banco centralizado y una base de ingresos mucho más amplia a través de la tributación de los ingresos personales de los ciudadanos individuales. Esto permitió a quienes estaban en el poder, independientemente de su afiliación partidaria, expandir el gasto federal y la deuda nacional a los alarmantes niveles récord de hoy. Mientras prometían más y más beneficios, nuestros líderes nos han conducido por una calle engañosa de un solo sentido que eventualmente conduce al totalitarismo y la pérdida de nuestras libertades y herencia estadounidenses.

¿Quién controla realmente nuestro país?

La propiedad, la banca centralizada y el control del dinero son las claves del poder para los ricos y la élite del mundo. Con el fin de adquirir estas llaves, se lanzó un complot tortuoso sobre el pueblo estadounidense. El principio central de esta trama, que creo que proviene directamente del abismo del infierno, es la manipulación y opresión de otras personas. La naturaleza misma de tal engaño erosiona la libertad personal y convierte a los ciudadanos en súbditos. Nuestros padres fundadores, y muchos líderes desde entonces, temían a un tipo de enemigo por encima de todos los demás. Sus comentarios deberían alertarnos sobre este mal:

> Creo que las instituciones bancarias son más peligrosas para nuestras libertades que los ejércitos permanentes, y que el principio de gastar dinero para que lo pague la posteridad bajo el nombre de financiación no es más que una estafa del futuro a gran escala. El poder de emisión debe ser tomado de los bancos y restituido a la gente a quien pertenece propiamente.
> - Presidente Thomas Jefferson

> Estamos en peligro de ser abrumados con papel irredimible, simple papel, que no representa ni oro ni plata; no señor, representando nada más que promesas incumplidas, mala fe, sociedades en quiebra, acreedores estafados y un pueblo arruinado. - Daniel Webster, discurso de 1833 ante el Senado de EE.UU.

> Tengo dos grandes enemigos, el ejército del sur delante de mí y los banqueros en la retaguardia. De los dos, el que está detrás de mí es mi mayor enemigo. - Presidente Abraham Lincoln.

> Quien controla el volumen de dinero en cualquier país es dueño absoluto de toda la industria y el comercio. - Presidente James A. Garfield

> Cuando el saqueo se convierte en una forma de vida para un grupo de hombres que viven juntos en sociedad, crean para sí mismos en el transcurso del tiempo un sistema legal que lo autoriza y un código moral que lo glorifica. - Frederic Bastiat, *La ley*

Es bueno que la gente de la nación no entienda nuestro sistema bancario y monetario, porque si lo hicieran, creo que habría una revolución antes de mañana por la mañana. - Henry Ford

El alto cargo de presidente se ha utilizado para fomentar un complot para destruir la libertad de los estadounidenses, y antes de dejar el cargo debo informar al ciudadano de su difícil situación. - John F. Kennedy en la Universidad de Columbia, 10 días antes de ser asesinado

Enemigos en Trajes

Armados con lápices, calculadoras y computadoras, los enemigos más fuertes de Estados Unidos han usado tácticas sin escrúpulos para confundir, engañar y conquistar a nuestra nación.

Una conquista económica tiene lugar cuando las naciones se someten a un 'tributo' sin el uso de la fuerza visual, para que las víctimas no se den cuenta de que han sido conquistadas. La conquista comienza cuando los conquistadores obtienen el control del sistema monetario de la nación. Los conquistadores no quieren despertar sospechas, por lo que realizan cambios paulatinos en su beneficio. Lentamente usurpan los activos financieros de una nación. El tributo se recauda de ellos en forma de deudas e impuestos 'legales', que se hace creer a la gente que es por su propio bien. Aunque este método es mucho más lento que una conquista militar, es más duradero porque los cautivos no ven ninguna fuerza militar utilizada contra ellos. El pueblo es libre de participar en la elección de sus gobernantes aunque el resultado sea manipulado por quienes tienen el control. Sin darse cuenta, una nación es conquistada. Su riqueza se transfiere a sus captores y la conquista se completa. - Sheldon Emry, *Miles de millones para los banqueros, Deudas para la gente*

Con multitudes de políticos, abogados y jueces brindando apoyo entusiasta y dispuesto, ¿quién puede enfrentarse a un enemigo así?

El "Nuevo Trato" de Roosevelt

En respuesta a la tragedia de la Gran Depresión, con el pueblo estadounidense ya aplastado y vulnerable, Franklin D. Roosevelt propuso cambios radicales que alterarían para siempre a Estados Unidos y nos enviarían de cabeza al socialismo. De la misma manera que lo habían hecho Abraham Lincoln y Woodrow Wilson en generaciones anteriores, Roosevelt demostró la tendencia a predicar una cosa mientras seguía un curso diferente, uno que alteraría inextricablemente el curso de nuestra nación. Considere varias de sus declaraciones:

> Tenemos aquí un problema tanto humano como económico. Cuando se trata de consideraciones humanas, los estadounidenses les dan prioridad. Las lecciones de la historia, confirmadas por la evidencia inmediatamente ante mí, muestran de manera concluyente que la continua dependencia del socorro induce una desintegración espiritual y moral fundamentalmente destructiva para la fibra nacional. Repartir alivio de esta manera es administrar un narcótico, un sutil destructor del espíritu humano. - Presidente Franklin Roosevelt, mensaje anual al Congreso, 1935.

> Espero que su comité no permita dudas en cuanto a la constitucionalidad, por razonables que sean, para bloquear la legislación sugerida. - Franklin D. Roosevelt, carta al representante Samuel B. Hill, 1935

> En tiempos de este grave peligro nacional, cuando todo el exceso de ingresos debe destinarse a ganar la guerra, ningún ciudadano estadounidense debe tener un ingreso neto, después de haber pagado sus impuestos, de más de $25,000 al año. - Presidente Franklin D. Roosevelt, mensaje al Congreso, 1942

> No creo en el comunismo más que usted, pero no hay nada malo con los comunistas en este país; varios de los mejores amigos que tengo son comunistas. - El presidente Franklin D. Roosevelt, en una conversación con el representante Martin Dies en la Casa Blanca, según lo informado por Dies, Congressional Record, 1950

Roosevelt inicialmente buscó implementar estos cambios en el gobierno estadounidense al expandir el número de jueces de la Corte Suprema. Por supuesto, estos jueces adicionales debían ser designados por el mismo FDR. Este esquema nunca se materializó por completo porque uno de los jueces murió y Roosevelt pudo nombrar un reemplazo y hacerse con el control de la Corte de todos modos. Su toma y control de la Corte Suprema creó un cambio radical en su naturaleza y función. A partir de ahí, el Poder Judicial usurpó facultades que no le otorgaba la Constitución y abandonó su función propia de interpretar la ley con base en antecedentes legales de larga data.

El control del dinero ha estado en el corazón de cada etapa del declive de Estados Unidos. Para hacer frente a la crisis monetaria causada por la Gran Depresión, Franklin D. Roosevelt emitió una orden ejecutiva y confiscó el suministro de oro de la nación, destruyendo el patrón oro en el proceso.

El "New Deal" de Roosevelt para el pueblo estadounidense fue una extensión adicional de las políticas instituidas bajo la administración de Wilson. Estos programas eran esencialmente esquemas gubernamentales que prometían cuidar al pueblo estadounidense mientras permitían que tanto los poderes monetarios como el gobierno federal se hicieran aún más grandes e intrusivos. La creación del Seguro Social, la retención del impuesto sobre la renta, el "impuesto de la victoria" durante la Segunda Guerra Mundial y los programas gubernamentales de asistencia social fueron parte del paquete que se entregó, como una bomba de relojería, al pueblo estadounidense.

¿Combatir o absorber el socialismo?

Después del intenso daño infligido a nuestra república durante la administración de Wilson, seguido del caos de la Gran Depresión, el liderazgo emergente de Franklin Roosevelt continuó engañando y desviando a Estados Unidos por el camino del socialismo creciente. Mientras afirma estar luchando contra el fascismo, el socialismo y el comunismo, es fácil ver ahora que estas mismas enfermedades estaban siendo promovidas o inyectadas en el torrente sanguíneo de los Estados Unidos muy gradualmente.

Durante el período conocido como la Guerra Fría que siguió a la Segunda Guerra Mundial, nuestros líderes se opusieron abiertamente ya menudo con vehemencia a la expansión del comunismo y el socialismo en todo el mundo. Debajo de la superficie, sin embargo, las fuerzas estaban trabajando para dirigir nuestra cultura y gobierno a adoptar versiones ligeramente modificadas de las mismas ideologías.

Uno de los opositores más vocales al socialismo y al comunismo que se infiltraba en la vida estadounidense fue el senador Joseph McCarthy, quien se hizo muy conocido en los años 50 por investigar agresivamente las afirmaciones de que había espías y simpatizantes comunistas y soviéticos dentro del gobierno federal. Debido a sus gestos descarados y, a veces, acusaciones indocumentadas, fue marginado, ignorado e incluso excluido. El tiempo ha demostrado, a pesar de su enfoque, que muchas de sus afirmaciones eran ciertas. Nuestros políticos han aprendido que, con el paso del tiempo, la mayoría de los estadounidenses olvidarán o no se preocuparán por hechos que fueron manifiestamente ilegales o poco éticos. Ellos cuentan con esto.

Un grupo que comenzó en los años 50 y corrió una suerte similar fue la John Birch Society. Llamado así por un oficial de inteligencia militar en la Segunda Guerra Mundial que fue capturado y asesinado por partidarios armados del Partido Comunista de China en 1945, este grupo también comenzó a alertar al pueblo estadounidense sobre lo que estaba sucediendo detrás de escena. En ese momento también fueron tildados de extremistas y, aunque su mensaje se difundió, este contraataque lo atrofió y nunca llegó realmente a la población en general. Afortunadamente, han continuado con su causa, y hoy la Sociedad John Birch está experimentando un resurgimiento de crecimiento y efectividad debido a la creciente pérdida de nuestras libertades y la creciente conciencia pública.

Hace muchos años, cuando era un adolescente que crecía en Iowa, se me acercó un hombre que me puso en la mano un panfleto que afirmaba que los comunistas tenían un plan de cincuenta años para socavar o derrocar al capitalismo y a Estados Unidos. Estos reclamos estaban arraigados en una clara estrategia de división interna y decadencia, y exigían la implementación sistemática, aunque muy gradual, de cambios. Los objetivos principales eran traer la inmoralidad y la agitación sexual, erosionar el matrimonio y la familia estadounidense, y empujar a los estadounidenses a un ciclo interminable de gastos y deudas. No hace falta decir que esos años ya han pasado y estamos presenciando las etapas finales del cumplimiento de estos objetivos comunistas. Aunque la mayoría de la gente ahora piensa que los poderes del comunismo han disminuido en todo el mundo, quizás debamos repensar esta ingenua conclusión. Otra vez,

> Haremos que los Estados Unidos se consuman hasta la destrucción. - Vladimir Lenin

> Creo que durante los últimos veinte años ha habido un avance progresivo del socialismo en los Estados Unidos. - Presidente Dwight D. Eisenhower, 1953

> El comunismo no es más que socialismo apurado. - Nikita Kruschev

> El pueblo estadounidense nunca adoptará el socialismo a sabiendas. Pero bajo el nombre de 'liberalismo' adoptarán cada fragmento del programa socialista, hasta que un día América sea una nación socialista, sin saber cómo sucedió. - Norman Thomas, varias veces candidato presidencial por el Partido Socialista de EE.UU.

Los diez tablones del manifiesto comunista

¡Muy pocos estadounidenses se han enfrentado a la realidad de que la mayoría, si no todas, las diez tablas del Manifiesto Comunista escrito por Karl Marx ya se han implementado aquí en los Estados Unidos! ¿No me crees? Es fácil de encontrar y leer por sí mismo si realmente le importan los Estados Unidos y la verdad. Debemos darnos cuenta de que esto no ha sucedido por casualidad ni por accidente: es parte de una estrategia general de control y para poner a nuestra nación en igualdad de condiciones con el resto del mundo.

Rastreadores espeluznantes por todas partes

Hay una larga lista de otros enemigos que se han infiltrado y subvertido nuestra forma de vida estadounidense durante el siglo XX. Su influencia en la configuración de la política gubernamental, la moralidad y, en última instancia, nuestra cultura estadounidense ha sido profunda.

Muchas filosofías seculares han ganado prominencia a lo largo del camino, dolorosamente en conjunción con el declive o la ineficacia de la iglesia estadounidense. Psicólogos y escritores como Sigmund Freud, Carl Jung, Theodor Seuss Geisel (Dr. Seuss) y muchos otros desafiaron y reformaron el pensamiento estadounidense. Alfred Kinsey exploró un nuevo territorio en la sexualidad humana y ayudó a abrir la puerta a una mayor decadencia de la moralidad y la familia estadounidense. El humanismo secular y el relativismo, junto con las feministas radicales y los activistas por los derechos de los homosexuales, se han combinado en un asalto total a los valores sexuales y familiares. El crecimiento continuo de teólogos e iglesias liberales solo se ha sumado a esta confusión y erosión cultural. En nombre del pensamiento progresista o liberado, estos cambios culturales han sacudido el núcleo mismo de nuestra sociedad, una vez fuerte y unificada.

Algunos grupos han ganado influencia en la cultura estadounidense, aunque la mayoría de la gente desconoce los orígenes o puntos de vista de sus líderes iniciales. Un ejemplo de esto es Planned Parenthood, una organización que hoy recibe millones de dólares del gobierno para financiar abortos y promover visiones distorsionadas de la sexualidad, el matrimonio y la familia. Planned Parenthood fue fundada por Margaret Sanger, quien era una atea, socialista y racista devota y abierta.

Otro buen ejemplo de esto es la Asociación Nacional de Educación, o NEA. Esta organización de docentes representa el sindicato más grande de Estados Unidos y desde sus inicios ha copiado y promovido modelos de sistemas educativos de Rusia y China. La NEA ha sido la fuerza impulsora para canalizar creencias políticas humanistas y socialistas en las mentes de los niños estadounidenses. La cantidad de dólares y la fuerza de cabildeo de la NEA han permeado nuestro sistema de educación pública y, a pesar de los pésimos resultados y la condición de la educación pública en los Estados Unidos, este grupo parece estar lavando el cerebro con éxito a nuestros futuros líderes.

> Dame una generación de tu juventud y te daré un mundo comunista. - Vladimir Lenin

También se protegieron de la vista de la mayoría de los estadounidenses las agendas ocultas y los puntos de vista radicales de los movimientos feminista y homosexual. Cualquier mensaje legítimo o ganancias de estos grupos se ven superados por la destrucción que han causado a nuestra cultura. Todos estos grupos se han promocionado efectivamente, reduciendo la conciencia pública y ocultando sus verdaderos orígenes y agendas a la mayoría de los estadounidenses. Sus filosofías y políticas han sido gradualmente aceptadas o toleradas por el pueblo estadounidense.

Enemigos del estado

Otras organizaciones, como el Consejo de Relaciones Exteriores, la Comisión Trilateral (fundada por David Rockefeller), la Sociedad Skull and Bones, el Grupo Bildeburg, los Illuminati y otros, han podido mantener una postura secreta y de bajo perfil. La mayoría de los estadounidenses aún no saben que existen o que ejercen un grado desproporcionado de influencia y poder sobre Estados Unidos. Muchos de nuestros políticos son miembros de estos grupos secretos, y aunque esto se filtra de vez en cuando, la mayoría de los estadounidenses no conectan los puntos ni comprenden la verdadera naturaleza de estos enredos.

En los últimos años, nuestro propio gobierno federal ha mostrado sus músculos contra la Constitución y las libertades del pueblo estadounidense a través de varios incidentes reveladores. El asedio contra la Rama Davidiana en Waco, Texas; el asesinato de personas inocentes en Ruby Ridge, Idaho; el aplastamiento del movimiento de milicianos en los años 90; y el sufrimiento de muchos que han tratado de denunciar el fraude fiscal; todos exponen la verdadera naturaleza de la bestia. Agregue a esto las historias no contadas y los encubrimientos relacionados con el asesinato del presidente John F. Kennedy, el bombardeo de la ciudad de Oklahoma, el misterio conocido como el 11 de septiembre y el engaño que rodeó nuestra entrada en la Guerra de Iraq; que nuestro gobierno irá para silenciar a sus enemigos y promover sus propias agendas.

Eliminando el "obstáculo cristiano"

El mayor obstáculo para el éxito de estas ideologías y grupos es la Iglesia cristiana, especialmente aquellas iglesias que predican el evangelio y se aferran a las enseñanzas de la Biblia. Como resultado, desde todos los ángulos y en todos los sentidos, estos movimientos y organizaciones seculares han buscado durante varias generaciones desacreditar, desafiar y atacar a la iglesia en Estados Unidos. Madelyn Murray O'Hair, una atea declarada de hace una generación, tuvo éxito en muchos intentos de alejar a nuestra nación y las leyes de Dios. Su aparente reemplazo en la generación actual es Michael Newdow, cuya vida misma representa el estado confuso de Estados Unidos en la actualidad. Newdow, un abogado y médico de California, también es un ministro ordenado y un ateo fuerte que ha tomado la antorcha para sacar a Dios de la vida pública de Estados Unidos.

Uno de los oponentes más formidables de cualquier forma de religión en la vida pública estadounidense es la ACLU, o Unión Estadounidense por las Libertades Civiles, un grupo bien financiado empeñado en erradicar la religión y cualquier mención de Dios de nuestra sociedad. El fundador de la ACLU, Roger Baldwin, también fue inicialmente un comunista devoto y tenía fuertes lazos con la Unión Soviética. Muchos comunistas llenaron sus filas desde el principio. Aunque Baldwin luego cambió de opinión y dirigió una purga para librar al grupo de comunistas, uno solo puede imaginar los resultados de una casa construida sobre esta base. Es obvio que Dios, la fe verdadera y una comprensión correcta de nuestros padres fundadores y la Constitución faltan en el corazón y el alma de la ACLU.

El resultado de eliminar la oración de nuestras escuelas, la lectura de la Biblia y los Diez Mandamientos ha sido un maremoto de inmundicia que continúa sumergiendo a nuestra nación. Lo próximo que está programado para ser eliminado es cualquier referencia nacional a Dios, como en nuestro Juramento a la bandera, "En Dios confiamos" en nuestro dinero y en nuestros monumentos nacionales. Aunque muchos grupos cristianos han tratado de detener esta marea, la aquiescencia general y la incapacidad de la iglesia para levantarse, resistir o luchar es, sin duda, una de las historias más tristes de nuestros días.

> Cuando uno lee lo que se escribió en los libros de texto de historia estadounidense hace más de cien años sobre los antepasados de Estados Unidos y la fundación de esta gran nación, y lo compara con lo que se escribe hoy sobre estos mismos eventos, uno no puede dejar de ver que ha habido una intento tendencioso de eliminar nuestra herencia judeocristiana de la mente y el corazón de la gente de esta nación.
> – John Diamond, *El ascenso de América*

Mezclando dos partes en una

Los estadounidenses en general han llegado a creer que nuestro gobierno estadounidense está diseñado para funcionar con dos partidos políticos. Esto se ha convertido en una tradición que está profundamente arraigada en nuestras mentes y en la sociedad. Se nos ha hecho creer que ningún estadounidense independiente o "tercero" tendrá éxito jamás, y que tales esfuerzos son inútiles.

Lo que la mayoría no entiende es que estos dos grandes partidos políticos han adoptado de manera gradual y creciente prácticamente la misma mentalidad y políticas. Tanto los demócratas como los republicanos apoyan de todo corazón el gobierno grande, el gasto deficitario y los impuestos sofocantes. Tanto los demócratas como los republicanos se han apartado de la Constitución y apoyan la agenda globalista. Las pocas diferencias que quedan son simplemente cuestiones de mecánica y retórica, inteligentemente diseñadas para mantener la ilusión de un sistema bipartito.

Surge la agenda globalista

El largo camino hacia la globalización comenzó con la formación de la Liga de las Naciones justo después de la Primera Guerra Mundial. En ese momento, la mayoría de los estadounidenses todavía estaban lo suficientemente firmes en su resolución de proteger la soberanía estadounidense como para que Woodrow Wilson no pudiera asegurar la membresía en esa. organización multinacional. Esta historia cambiaría, sin embargo, y después de la devastación de la Segunda Guerra Mundial, Estados Unidos se unió a las Naciones Unidas recién creadas, incluso proporcionando terrenos en la ciudad de Nueva York para su sede física.

Como se mencionó anteriormente, grupos como la Comisión Trilateral, el Consejo de Relaciones Exteriores y el Grupo Bildeburg mantienen una presencia relativamente desconocida pero fuerte en los asuntos gubernamentales. Entrelazados con los carteles bancarios internacionales, estas organizaciones ejercen una gran influencia en las decisiones de política gubernamental. Su objetivo compartido es crear y controlar una economía global, y esto requiere prescindir de la soberanía nacional, las restricciones comerciales, las fronteras y otros obstáculos similares.

El presidente George HW Bush era conocido por referirse con frecuencia a lo que llamó "un nuevo orden mundial". Aunque trató de presentarlo bajo una luz favorable, ahora sabemos de qué estaba hablando. ¡La búsqueda de un gobierno mundial es una pesadilla de proporciones bíblicas!

Del juramento del cargo del Congreso:

> Juro solemnemente que apoyaré y defenderé la Constitución de los Estados Unidos contra todos los enemigos, extranjeros y domésticos; que tendré verdadera fe y lealtad a lo mismo; que tomo esta obligación libremente, sin ninguna reserva mental o propósito de evasión: y que cumpliré bien y fielmente los deberes del oficio en el que estoy por entrar, así me ayude, Dios.

Capítulo Siete

La codicia, el poder y la máquina de guerra

Si la tiranía y la opresión llegan a esta tierra, será bajo el pretexto de luchar contra un enemigo extranjero. - Presidente James Madison

Simultáneamente con los desarrollos económicos y políticos del siglo XX, las guerras han jugado un papel tremendo en la configuración de esta nueva América. Nada debería despertar y alarmar más al público estadounidense que los motivos ocultos y los objetivos de los políticos y generales en la búsqueda de sus propias agendas. Una de las tácticas más probadas y efectivas que se utilizan para obtener más poder (y, por lo tanto, reducir la libertad personal) ha sido manipular o maniobrar a nuestra nación hacia la guerra.

Una larga historia de guerra

Toda la historia humana está llena de ejemplos de hombres que se odian, engañan y luchan unos contra otros por todas las razones imaginables. No debería sorprendernos que este sea también el caso de la historia estadounidense. Ser una supuesta "nación cristiana" no nos hace mejores ni nos exime de estos problemas, solo proporciona una mejor base para la sociedad y el gobierno. Las personas todavía tienen las mismas tendencias y son, en última instancia, responsables ante Dios por sus acciones.

Ya sea que consideremos el trato de Estados Unidos a los esclavos africanos, los indios nativos americanos o las potencias extranjeras que compiten por el control de América del Norte, o lo dividamos en personas y eventos más específicos, o lo extendamos a nuestros tiempos modernos, el resultado es siempre el mismo. Las personas que se guían por sus propios prejuicios, lujuria y codicia buscan influir, dominar y controlar a los demás para sus propios fines. Esto no es tan difícil de entender.

Este hecho se ve fácilmente en la historia estadounidense, comenzando con la lucha de las colonias por independizarse de la tiranía de la Corona británica. Después de la Guerra de 1812, la Guerra con México, la Guerra entre los Estados, la Guerra Hispanoamericana y muchas otras en el medio, Estados Unidos ha construido un largo legado que refuerza este punto.

A medida que Estados Unidos avanzaba hacia el siglo XX, nada detendría esta tendencia. De hecho, debido al surgimiento de Estados Unidos como potencia mundial, solo ha empeorado: dos guerras mundiales y una mentalidad creciente de que, de alguna manera, es responsabilidad de Estados Unidos entrometerse o intervenir en los asuntos de otras naciones del mundo. Y ahora hemos iniciado un nuevo milenio, aparentemente destinado a seguir repitiendo la historia. Como dijo el escritor de Eclesiastés en la Biblia: "No hay nada nuevo bajo el sol".

Una larga historia de engaño

Las guerras se alimentan de la determinación de oprimir, controlar y dominar a los demás a cualquier precio. Para lograr este fin, los hombres crearán escenarios y excusas; se burlarán de sus enemigos; manipularán los medios de comunicación y la opinión pública; y luego crea todo tipo de mentiras y encubrimientos después. Para empeorar las cosas, la guerra es un gran negocio, y el pueblo estadounidense necesita despertar y darse cuenta de la diferencia entre ser manipulado en guerras inconstitucionales y poco éticas y pelear una guerra que es verdaderamente una guerra de autodefensa.

Abraham Lincoln envió barcos de guerra al puerto de Charleston, Carolina del Sur, pero se culpa al Sur de disparar los "primeros tiros" de la Guerra Civil. El transatlántico británico Lusitania, que transportaba pasajeros estadounidenses, fue hundido por un submarino alemán durante la Primera Guerra Mundial, empujando a Estados Unidos a esa guerra, aunque más tarde se demostró que el barco transportaba municiones de guerra, lo que lo convirtió en un objetivo legítimo de guerra. guerra. Aunque estuvo sellado durante años, ahora hay pruebas claras de que nuestro gobierno no solo sabía de los planes inminentes de los japoneses para atacar Pearl Harbor, sino que también teníamos una amplia advertencia que no se transmitió a la cadena de mando militar. Este, por supuesto, fue el evento que finalmente nos catapultó a la Segunda Guerra Mundial. Durante esa guerra, nuestro propio gobierno también impuso el llamado "Impuesto de la Victoria" a los estadounidenses, y utilizó el personaje de dibujos animados Donald Duck en dibujos animados de tiempos de guerra para pedir apoyo a la guerra. No hay duda de que Adolf Hitler era malvado o necesitaba ser detenido, pero al mismo tiempo, las prácticas engañosas utilizadas por nuestros líderes eran espantosas e innecesarias.

En eventos más recientes, hay evidencia creciente que expone el ancho y la profundidad del engaño impuesto al pueblo estadounidense con los eventos del 11 de septiembre, que se convirtió en la base para la subsiguiente invasión de Iraq y la guerra contra el terrorismo. Cuando se sacrifican la honestidad y la integridad junto con las vidas estadounidenses en el proceso de librar estas guerras, algo anda terriblemente mal.

Vigilando el mundo

Cuando a estas guerras le sumamos las decisiones de intervenir en otras naciones como Corea, Vietnam, Granada, Somalia, Bosnia, Afganistán, Iraq y muchas otras, es evidente que hemos adoptado una mentalidad superior de control y vigilancia del mundo entero. Pero, ¿por qué, oh por qué, no logramos responder a crisis reales en lugares como Camboya, Etiopía, Sudán y Ruanda? Esta falta de respuesta expone los verdaderos motivos detrás de nuestra participación en la guerra; debe ser en nuestro propio "interés nacional" percibido o simplemente podríamos ignorar las muertes o masacres de incontables miles de personas inocentes.

Las tropas estadounidenses están ahora basadas en 130 países de todo el mundo en un intento de "proteger los intereses estadounidenses", lo que en realidad significa proteger los intereses de nuestros políticos, empresarios y banqueros mundiales. Estás gravemente equivocado si crees que estas personas realmente se preocupan por ti y tu familia.

En lugar de optar por guiar al mundo con el ejemplo y las buenas obras, nos hemos rebajado a los mismos deseos y males básicos. Verdaderamente hemos perdido completamente de vista las bendiciones de Dios y Su llamado único y destino para nuestra nación. Reemplazar la honestidad, la integridad, el amor y la compasión con cosas como la manipulación financiera o política, el soborno y la coerción es ridículo y siempre traerá más repercusiones. ¡Este es el colmo de la locura y la arrogancia, no la forma de hacer amigos y construir la paz!

La guerra es el infierno

Dos generales famosos de la Guerra Civil Estadounidense hicieron estos profundos comentarios sobre la guerra:

> Hay muchos muchachos aquí hoy que ven la guerra como toda la gloria, pero, muchachos, es todo un infierno. - William Tecumseh Sherman

> Está bien que la guerra sea tan terrible, o deberíamos encariñarnos demasiado con ella. - Robert E. Lee

La guerra se trata de poder, dominación y control. La guerra es la fea realidad exterior de lo que yace dentro del corazón humano. El racismo, la intolerancia, los prejuicios y el odio de los enemigos percibidos provienen del corazón humano. Estas actitudes negativas deben enseñarse a los niños, ya sea verbalmente o con el ejemplo; de la misma manera que enseñaríamos o modelaríamos el amor y la paz. Esta es una de las muchas razones por las que nuestros padres fundadores se comprometieron con los principios incorporados en las enseñanzas de Jesucristo y la fe cristiana.

> La razón por la que el cristianismo es el mejor amigo del gobierno es porque el cristianismo es la única religión que cambia el corazón. - Presidente Thomas Jefferson

Y considere estas palabras del antiguo filósofo griego, Aristóteles, con respecto a la guerra como un medio para manipular a la población:

> Que los hombres estén en guardia contra los que adulan y engañan a la multitud: sus acciones prueban qué clase de hombres son. Del tirano, los espías y delatores son los principales instrumentos. La guerra es su ocupación favorita, en aras de captar la atención de la gente y hacerse necesario para ellos como su líder. – Aristóteles

Adolf Hitler, quizás el ejemplo reciente más extremo de un gobernante diabólico, hizo estos alegres comentarios en su ascenso al poder en Alemania:

> ¡1935 pasará a la Historia! Por primera vez, una nación civilizada tiene registro completo de armas. ¡Nuestras calles serán más seguras, nuestra policía más eficiente y el mundo seguirá nuestro camino hacia el futuro!

La última fuente de engaño

Aquellos que estudian y desean seguir la Biblia entienden que hay una fuerza malvada y oscura al acecho, pero activa en el fondo que busca promover la rebelión contra Dios y todo lo que es bueno. Aprovechando las debilidades de la naturaleza humana, estas fuerzas del mal, dirigidas por Lucifer o Satanás con sus legiones de ángeles malignos, trabajan sin descanso en todo el mundo para engañar, perturbar, dividir y destruir. Como enseña la Biblia:

> El ladrón no viene sino a hurtar, matar y destruir; Yo vine para que tengan vida, y para que la tengan en abundancia. - Jesús, en el Evangelio de Juan 10:10

> Porque nuestra lucha no es contra sangre y carne, sino contra principados, contra potestades, contra las fuerzas mundiales de estas tinieblas, contra las fuerzas espirituales de maldad en las regiones celestiales. - El apóstol Pablo, Efesios 6:12

Debemos enfrentar la dura realidad de que siempre habrá hombres dispuestos a controlar a otros por medios engañosos y llevarnos a la guerra por sus propios objetivos. No hay forma de detener esto, porque a la humanidad se le ha dado libre albedrío y, a menudo, elige el mal. Por mucho que nos manifestemos, marchemos o anhelemos la paz, no podemos cambiar esta marea por nosotros mismos. Nuestra única esperanza es que la gente tenga un cambio de mente y de corazón en un número suficiente, y estoy convencido de que esto no sucederá sin que el evangelio de Cristo transforme los corazones de hombres y mujeres.

Capítulo Ocho

Choque de dos culturas

Se está librando una batalla por el alma de Estados Unidos, y durante muchos años dos bandos opuestos han estado luchando en las trincheras por toda esta gran tierra. Sin embargo, este conflicto en particular no se está librando con armas militares de alto poder, sino que es una lucha cultural e ideológica por los corazones, las mentes y las almas de los estadounidenses.

> La realidad actual es que, si bien todavía tenemos una opción, la opción es entre un Estados Unidos benigno basado en los principios judeocristianos y, por otro lado, un fundamentalismo secular muy agresivo, siniestro y hambriento de poder que desea inyectar sus tentáculos en todos los aspectos. de la vida americana. – Rabino Daniel Lapin

¿Rojo y azul?

En los últimos años, los medios estadounidenses han comenzado a etiquetar los estados que son predominantemente conservadores o liberales utilizando los colores rojo y azul en un mapa. Si bien esta distinción puede ser algo arbitraria y simplificada en exceso, no hay duda de que se está produciendo un choque interno de culturas en Estados Unidos. En un lapso de tiempo relativamente corto de 50 a 60 años, se ha producido un cambio cultural dramático en los Estados Unidos y la tensión entre estas dos ideologías está creciendo. La distinción roja y azul es evidentemente un intento de explicar la diferencia central básica en los valores y la filosofía de estos dos grupos principales de personas.

Si esta distinción tiene algo de cierto, quizás alguien se haya olvidado de nuestro tercer color nacional: ¡rojo, BLANCO y azul! También podríamos estirar aún más esta etiqueta artificial y sugerir que en lugar de usar solo rojo y azul para describir estados que son principalmente republicanos o demócratas, ahora deberíamos incluir el blanco, un movimiento creciente de verdaderos patriotas que están profundamente preocupados por la desintegración cultural y moral de nuestra nación; quienes realmente creen que debemos regresar y defender la visión y los documentos de nuestros padres fundadores. Si bien actualmente estos patriotas pueden aparecer en el mapa como meros puntos blancos, a medida que crezcamos y nos unifiquemos, comenzaremos a cambiar el rumbo una vez más.

Un cambio radical en la cultura estadounidense

La vida en Estados Unidos en las décadas de 1940 y 1950 era mucho más hogareña, sana y familiar. La unidad familiar seguía básicamente intacta, y los divorcios o los hogares rotos eran mucho menos comunes. Los niños podían jugar al aire libre sin miedo a ser secuestrados o depredadores sexuales. En aquellos días, las ofensas más comunes que cometían los estudiantes en la escuela eran cosas como mascar chicle o hablar en clase. En muchas partes del país, no era raro dejar la casa abierta y que los vecinos fueran amigos e interactuaron regularmente. Antes de pagar impuestos a la tasa actual de casi el cincuenta por ciento, las familias estadounidenses podían sobrevivir con una fuente principal de ingresos.

Este cambio cultural radical comenzó a ocurrir muy gradualmente y ha ido ganando impulso desde entonces. En 1947, la Corte Suprema dictaminó, en una interpretación especialmente perniciosa y retorcida de la Primera Enmienda, que ahora debe haber "un muro de separación entre la Iglesia y el Estado" en los Estados Unidos. Uno de los puntos de inflexión más notables fue la decisión de la Corte Suprema de prohibir la oración en nuestras escuelas públicas en el año 1962, seguida de la prohibición de leer la Biblia menos de un año después. Estas decisiones que cambiaron la cultura fueron una desviación importante de la posición anterior de nuestro país y se dictaron arbitrariamente sin precedentes citados por la corte.

Los primeros días del rock and roll vieron a los adolescentes comenzar a batir sus alas y cuestionar o desafiar la autoridad dominante. La década de los 60 también nos trajo los asesinatos del presidente John F. Kennedy, su hermano Robert Kennedy y Martin Luther King; y la llamada revolución sexual, los hippies, el uso prolífico de drogas ilegales, el movimiento por los derechos civiles y muchas tensiones internas provocadas por la Guerra de Vietnam.

De este caos surgieron las desgracias nacionales de la salida de Vietnam, Watergate y la renuncia del presidente Richard Nixon, así como el crecimiento del movimiento feminista y el impulso por la igualdad de derechos para las mujeres. En 1973, la Corte Suprema falló en Roe v. Wade para legalizar el aborto en Estados Unidos, apoyando la afirmación de que era un derecho de la mujer terminar con la vida de su hijo por nacer. Era como si la presa se hubiera roto y una ola de cambios implacables se extendiera por América. Las familias y las normas culturales nunca volverían a ser las mismas. ¡Se ha convertido en una lucha para sobrevivir para cualquiera que quiera aferrarse a los valores tradicionales y las normas morales!

El estilo de vida de los años 40 y 50 ha sido casi olvidado, reemplazado por una sociedad acelerada, moralmente borrosa y perversa en la que las personas mismas deciden lo que está bien y lo que está mal. La mayoría de los estadounidenses ahora no entienden nuestra historia nacional o forma de gobierno, y creen que somos una democracia, en la que la mayoría de la opinión pública tiene prioridad sobre cualquier tema. La desviación de nuestro sistema judicial ha reinterpretado y creado leyes y resquicios para seguir este curso, y como resultado, nuestra propia sociedad ha perdido el rumbo, precipitándose de cabeza en un camino autodestructivo.

Libertad sin restricciones

Quizás la desventaja de tener libertades como las que tenemos aquí en Estados Unidos es que las personas pueden creer, hacer y decir lo que quieran, dentro de los límites de nuestras propias leyes creadas por nosotros mismos. A menudo hacen esto sin tener en cuenta ninguna ley moral superior. La libertad sin conciencia o una mayor restricción moral rápidamente se deteriora en confusión y anarquía. Durante un período de tiempo, las personas que no comparten la misma visión, creencias y estándares de moralidad que alguna vez tuvo la mayoría de las personas pueden emerger y convertirse en voces prominentes. Si un número suficiente de personas se ven afectadas y aceptan estos puntos de vista, se producirá un tremendo cambio cultural y tensión.

La infusión gradual de filosofías como el humanismo secular, el relativismo e incluso el hedonismo ha pasado factura a Estados Unidos. ¡Lo que una vez fue un pensamiento radical ahora ha sido aceptado como progresista y normal! El humanismo secular aleja nuestro enfoque de Dios y nos dice que nosotros determinamos nuestro propio curso y destino. El relativismo nos convence de que no existen absolutos morales o culturales: cada persona debe decidir por sí misma lo que está bien y lo que está mal. Y, por supuesto, el hedonismo justifica nuestras tendencias y acciones egoístas ya menudo inmorales. Estas filosofías crecientes han resultado en decadencia moral, agitación sexual y la erosión de la familia estadounidense.

Entonces, si hace que sea impopular o "políticamente incorrecto" oponerse a estas ideas, realmente puede comenzar a influir en la opinión pública. Esta es la razón por la que los medios de comunicación y muchos grupos radicales de intereses especiales han tenido éxito en la promoción de sus causas. Y dado que la mayoría de los estadounidenses son ignorantes o apáticos, hemos permitido que estas ideologías se conviertan en la corriente principal, relativamente sin oposición.

Nuestro Gobierno: ¿Amigo o Enemigo?

¿Dónde encaja nuestro gobierno en todos estos desarrollos? Las personas que son optimistas intransigentes podrían decirnos que nuestro gobierno realmente nos representa y, a pesar de todo lo demás, "sigue siendo el mejor del mundo". Estas declaraciones pueden tener algo de verdad, pero considere los siguientes hechos ineludibles.

Su gobierno está tan plagado de escándalos, fraudes y corrupción como la población, y quizás más, debido a la tentación de comprometerse, hacer tratos y vivir por encima de la ley. Su gobierno sabía sobre Pearl Harbor, el bombardeo de la ciudad de Oklahoma y el 11 de septiembre antes de que sucedieran. Su gobierno primero apoya a dictadores o líderes extranjeros, y luego, años después, ataca a las mismas personas. Su gobierno ha matado a personas inocentes en Waco, Ruby Ridge y muchos otros lugares. Su gobierno frecuentemente usa el miedo para intimidarnos, luego engaña al pueblo estadounidense y encubre sus propios escándalos. ¿Y por qué hacen esto? por nuestro propio bien? Mienten y repetidamente crean escenarios para llevarnos a la guerra. Han autorizado la tortura, la vigilancia de ciudadanos estadounidenses inocentes y la incautación inconstitucional de sus bienes y sustento. Han enviado nuestros trabajos al extranjero, nos han enredado en la vigilancia del mundo y han abandonado su juramento de respetar y defender la Constitución de los Estados Unidos. Su gobierno ha permitido que Estados Unidos sea vendido a naciones extranjeras, inversionistas, extranjeros ilegales, básicamente cualquiera por la oferta más alta. Y quizás lo peor de todo, nos toman por estúpidos. Hasta aquí el gobierno del pueblo y para el pueblo.

¿Su gobierno, una entidad no personal y de autopromoción, realmente se preocupa por usted y su familia? ¿O son sanguijuelas chupadoras de sangre o parásitos que no producen nada por sí mismos, sino que se alimentan del arduo trabajo de los demás? Dejando de lado todo idealismo y retórica, tú sabes la verdad. No podemos contar con que el gobierno sea nuestro aliado en esta lucha.

La fe de nuestros padres

En este momento, permítame ceder el podio a otros más famosos y elocuentes que yo:

> El poder arbitrario se establece más fácilmente sobre las ruinas
> de la libertad abusada hasta el libertinaje. - Presidente George
> Washington

> Dios, quien nos dio la vida, nos dio la libertad. ¿Pueden estar
> seguras las libertades de una nación cuando hemos eliminado la
> convicción de que estas libertades son el don de Dios? En
> verdad tiemblo por mi patria cuando reflexiono que Dios es
> justo, que su justicia no puede dormir eternamente. - Presidente
> Thomas Jefferson

> Si hay algo en mis pensamientos o estilo para elogiar, el crédito
> se debe a mis padres por inculcarme un amor temprano por las
> Escrituras. Si nos atenemos a los principios enseñados en la
> Biblia, nuestro país seguirá prosperando; pero si nosotros y
> nuestra posteridad descuidamos sus instrucciones y autoridad,
> nadie puede decir cuán repentina puede abrumarnos una

catástrofe y sepultar toda nuestra gloria en una profunda oscuridad. - Daniel Webster

No se puede enfatizar con demasiada frecuencia o fuerza que esta gran nación fue fundada, no por religiosos, sino por cristianos; no en las religiones sino en el evangelio de Jesucristo. Por esta misma razón, a los pueblos de otras religiones se les ha concedido asilo, prosperidad y libertad de culto aquí. – Patrick Henry

Creo que la Biblia es el mejor regalo que Dios le ha dado al hombre. Todo el bien del Salvador del mundo se nos comunica a través de este libro. - Presidente Abraham Lincoln

La única garantía de la seguridad de nuestra nación es sentar nuestros cimientos en la moralidad y la religión. - Abraham Lincoln

Todo hombre pensante, cuando piensa, se da cuenta de que las enseñanzas de la Biblia están tan entretejidas y entrelazadas con toda nuestra vida cívica y social que sería literalmente -no digo figurativamente, sino literalmente- imposible para nosotros imaginarnos qué es esa pérdida. sería si estas enseñanzas fueran eliminadas. Perderíamos todas las normas por las que ahora juzgamos tanto la moral pública como la privada; todos los estándares hacia los que, con más o menos resolución, nos esforzamos por elevarnos. - Presidente Theodore Roosevelt

Si perdemos las cualidades varoniles y viriles y nos hundimos en una nación de meros mercachifles, poniendo la ganancia por sobre el honor nacional y subordinando todo a la mera comodidad de la vida, entonces ciertamente llegaremos a una condición peor que la de las antiguas civilizaciones en los años de su decadencia. - Theodore Roosevelt

Estados Unidos nació como una nación cristiana. América nació para ejemplificar esa devoción a los elementos de justicia que se derivan de las revelaciones de las Sagradas Escrituras. Damas y caballeros, tengo una cosa muy simple que pedirles. Pido a cada hombre y mujer de esta audiencia que a partir de esta noche se den cuenta de que parte del destino de Estados Unidos yace en

su lectura diaria de este gran libro de revelaciones. Que si quieren ver a América libre y pura, harán sus propios espíritus libres y puros por este bautismo de la Sagrada Escritura.
- Woodrow Wilson, 1911, discurso precampaña presidencial

La suma de todo el asunto es esta: que nuestra civilización no puede sobrevivir materialmente a menos que sea redimida espiritualmente. - Woodrow Wilson

Los cimientos de nuestra sociedad y de nuestro gobierno descansan tanto en las enseñanzas de la Biblia, que sería difícil sostenerlos si la fe en estas enseñanzas dejara de ser prácticamente universal en nuestro país. - Presidente Calvin Coolidge

La base fundamental de la ley de esta nación fue dada a Moisés en el Monte. La base fundamental de nuestra Declaración de Derechos proviene de la enseñanza que recibimos del Éxodo y San Mateo, de Isaías y San Pablo. No creo que enfaticemos eso lo suficiente en estos días. Si no tenemos el trasfondo moral fundamental adecuado, finalmente terminaremos con un gobierno totalitario que no cree en los derechos de nadie excepto el estado. - Presidente Harry S. Truman

Un pueblo que valora sus privilegios por encima de sus principios pronto pierde ambos. - Presidente Dwight David Eisenhower

Sin Dios no hay virtud porque no hay impulso de la conciencia; sin Dios hay un engrosamiento de la sociedad; sin Dios la democracia no durará ni puede durar mucho tiempo. Si alguna vez olvidamos que somos una nación bajo Dios, entonces seremos una nación hundida. - Presidente Ronald Reagan

Como puede ver claramente en las declaraciones anteriores, Estados Unidos y sus líderes han tenido una firme convicción y confianza en Dios y en los principios judeocristianos hasta hace relativamente poco tiempo. Esto no significa necesariamente que siempre practicáramos estos principios, solo que había una base subyacente sobre la cual construir nuestra sociedad.

Dios, la Biblia y el Gobierno

> La justicia engrandece a una nación, pero el pecado es una vergüenza para cualquier pueblo. - Proverbios 14:34

La mayoría de los estadounidenses ahora creen que se supone que hay una barrera distinta, o "muro de separación" entre la Iglesia y el Estado. La interpretación moderna es que estas dos facetas de nuestra cultura no deben entremezclarse, sino que de alguna manera se mantienen misteriosamente completamente separadas una de la otra. Por supuesto, esto es imposible, porque los valores, estándares y moralidad de alguien aún terminan dominando la cultura o influyendo en la opinión pública. Si no decimos ni hacemos nada, un punto de vista secular y sin Dios eventualmente se infiltrará y tomará el control. Hay un documento nacional que establece una clara "separación de iglesia y estado" pero su origen puede sorprenderte:

> Para asegurar la libertad de conciencia del ciudadano, la iglesia en la URSS está separada del Estado y la escuela de la iglesia. – Artículo 124, *Constitución de las Repúblicas Socialistas Soviéticas Unidas*, 1936

Nada demuestra mejor esta tendencia que el esfuerzo gradual pero decidido de eliminar a Dios, la Biblia y la fe cristiana en general de la corriente principal de nuestra sociedad. Sutilmente durante los últimos 50 o 60 años, la oración pública, la lectura de la Biblia, los Diez Mandamientos y Dios mismo han sido atacados utilizando esta noción tortuosa de "separación de la Iglesia y el Estado". Algunos podrían argumentar este punto, sin embargo, durante el mismo período hemos visto un tremendo declive en la moralidad y los valores familiares; y ha habido un fuerte aumento de la delincuencia, el divorcio, las familias rotas y los estilos de vida promiscuos. Más de 45 millones de bebés inocentes han sido asesinados a través de la legalización del aborto, y la naturaleza y el tejido de la familia ahora están amenazados por homosexuales que insisten en derechos especiales, estado civil y aceptación en la corriente principal de nuestra cultura.

Los orígenes de los Estados Unidos de América se basaron únicamente en los principios judeocristianos. Una evaluación honesta de la historia demuestra que el nacimiento o fundación de esta nación fue por providencia divina. En el corazón de este problema está el hecho de que la versión exacta de nuestra historia ha sido distorsionada, reescrita y enseñada a nuestros hijos sin saberlo durante varias generaciones. Nuestra identidad y grandeza como estadounidenses está vinculada al nacimiento único y providencial de esta nación. El fundamento de nuestra estructura social y gobierno estaba claramente basado en la Biblia y los mandamientos de Dios. Alejarnos de esto continuará alejándonos de la bendición de Dios y del favor de otras naciones. Por favor considere los siguientes versículos de la Biblia:

A los cielos y a la tierra llamo por testigos hoy contra vosotros, que os he puesto delante la vida y la muerte, la bendición y la maldición. Escoge, pues, la vida para que puedas vivir, tú y tu descendencia, amando al Señor tu Dios, obedeciendo Su voz y aferrándote a Él. - Deuteronomio 30:19-20

Por lo tanto, se ignora la ley y nunca se hace justicia. Porque los malvados rodean a los justos; por tanto, la justicia sale pervertida. - Habacuc 1:4

¡Ay de los que a lo malo llaman bueno, y a lo bueno malo! que sustituyen la luz por las tinieblas y las tinieblas por la luz; que sustituyen lo amargo por lo dulce y lo dulce por lo amargo! ¡Ay de los que son sabios a sus propios ojos, y astutos a su propia vista! - Isaías 5:20-21

Cuando los justos aumentan, el pueblo se regocija; pero cuando gobierna el impío, el pueblo gime. - Proverbios 29:2

¿Y por qué me llamáis 'Señor, Señor', y no hacéis lo que os digo? Todo el que viene a mí y oye mis palabras, y las pone en práctica, les mostraré a quién es semejante: es como un hombre que edifica una casa, que cavó profundo y puso los cimientos sobre la roca; y cuando vino la inundación, el río se precipitó contra aquella casa y no pudo sacudirla, porque estaba bien construida. Pero el que ha oído, y no ha obrado en consecuencia, es semejante a un hombre que edificó una casa sobre la arena sin ningún fundamento; y el río estalló contra ella y luego se derrumbó, y la ruina de aquella casa fue grande. - Lucas 6:46-49

¿Que traerá el futuro?

A la luz de estas tendencias crecientes, muchos estadounidenses patriotas y temerosos de Dios enfrentarán decisiones difíciles en los próximos días. Cada uno de nosotros determinará, en base a nuestras creencias fundamentales, qué curso de acción tomaremos.

Una de mis películas favoritas de todos los tiempos es The Mission, protagonizada por Robert DeNiro y Jeremy Irons. Esta película describe la lucha épica de una tribu nativa en América del Sur que está amenazada de ser tragada por las potencias coloniales invasoras. Las dos estrellas principales representan dos opciones igualmente viables ante el inminente ataque a su cultura y forma de vida. En la última prueba de convicción y conciencia, un sacerdote decide defender sus creencias religiosas y pacifistas y lidera a aquellos que lo seguirán a la muerte mientras marchan desde su aldea. El otro sacerdote, que se convirtió después de ser soldado, sinvergüenza y mercenario, elige liderar parte de la tribu para defenderse y contraatacar. Al final, todos murieron de todos modos, a excepción de unos pocos niños que se alejaron remando en una canoa hacia la jungla al final de la película.

En los días venideros, cuando nuestra propia cultura y forma de vida se vean amenazadas, es posible que nos enfrentemos a decisiones igualmente difíciles. ¿Debemos resistir o cedemos? ¿Qué debe hacer a medida que estas decisiones difíciles comienzan a acechar en el horizonte? No sé. No puedo responderte esa pregunta. Cada uno de nosotros debe responder a su propia conciencia. Pero cuando llegue el día en que deba tomar decisiones difíciles, es de esperar que sus creencias fundamentales sean lo suficientemente fuertes como para sostenerlo. Personalmente, creo que el miedo o la autopreservación no deberían ser opciones viables.

Capítulo Nueve

La iglesia impotente

El significado de impotencia es ser ineficaz o impotente. Seguramente esto describe la incapacidad de la iglesia en Estados Unidos para frenar la inmoralidad desenfrenada y las mareas culturales cambiantes. La fuerza apremiante de la fe cristiana es más fuerte cuando los creyentes verdaderamente viven su fe y su obediencia a Dios a diario. La apatía, el materialismo, el compromiso y los dobles raseros han acosado tanto a la iglesia estadounidense que ahora parece incapaz de mucho más que un débil y distante chillido de desaprobación ocasional. El concepto de liderar o influir en nuestra cultura con el ejemplo parece casi perdido, ya que los ministros y las iglesias ahora están absortos en competir por el número cada vez menor de miembros activos de la iglesia.

Los estudiantes de la historia de la iglesia entienden el flujo y reflujo de la fuerza y la vitalidad de la iglesia cristiana. Las largas temporadas de sequía espiritual y tibieza son ocasionalmente interrumpidas por un reavivamiento o renovación de la fe. Desafortunadamente, esto no dura mucho, y el hombre institucionaliza rápidamente un movimiento genuino del Espíritu Santo en otro sistema o tradición. Y así el ciclo comienza de nuevo. Esta realidad, junto con la terrible tendencia de la Iglesia a dividirse por cualquier tema, no sorprende que el mundo a menudo mire a la Iglesia con tanto desdén.

La Iglesia en América: un éxodo masivo

La mayoría de los cristianos de hoy viven en un mundo protegido, a menudo desconectados de la realidad del mundo que los rodea. Se han vuelto condicionados para sentarse pasivamente, siendo entretenidos y reclutados para llevar a cabo la visión de otra persona para el ministerio. Viviendo en este cómodo refugio, la gran mayoría sigue creyendo que el Partido Republicano aún representa sus puntos de vista conservadores.

A pesar del hecho de que los cristianos hablan y oran con frecuencia acerca del avivamiento, no hemos experimentado mucho avivamiento por más de una generación completa. Sin embargo, la iglesia se mantiene ocupada con innumerables programas y ministerios destinados a cuidar del rebaño y "alcanzar a los perdidos". En realidad, tanto las iglesias como el número de "conversos" están disminuyendo constantemente. Se ha dicho con precisión que el segmento de más rápido crecimiento de la iglesia en Estados Unidos es ahora el de aquellos que están abandonando la iglesia tradicional. George Barna, conocido autor y encuestador, comenta sobre esta tendencia en su libro titulado *Revolution*:

> Webster, que no sucumbe a las presiones sociales para exagerar, define una revolución como 'un derrocamiento o repudio y reemplazo completo de un gobierno o sistema político establecido por el pueblo gobernado'. Agrega que una revolución también puede ser un 'cambio radical y generalizado en la sociedad y las estructuras sociales'.

> Webster está describiendo acertadamente la transformación que está ocurriendo en la espiritualidad estadounidense en la actualidad. Millones de devotos seguidores de Jesucristo están repudiando los sistemas y prácticas tibios de la fe cristiana e introduciendo un cambio total en la forma en que la fe se entiende, integra e influye en el mundo... esta revolución de la fe es la transición más significativa que usted o yo experimentaremos durante nuestra vida

Siempre ocupado, pero perdiendo terreno

Para combatir estas tendencias, las iglesias han tratado de mantenerse al día con el mundo secular al idear programas atractivos y estrategias de mercadeo hábiles para llegar a miembros potenciales de la iglesia. El entretenimiento y el catering para la gente se ha convertido en el tema de la iglesia estadounidense. Los pastores han creado programas y ministerios para cada necesidad o grupo concebible. Al mismo tiempo, hablar la verdad, exponer el pecado en la iglesia y vivir un estilo de vida verdaderamente cristiano se han visto comprometidos. Los estándares bíblicos para la comunidad cristiana, el discipulado y la pureza dentro de la iglesia han sido reemplazados por un entorno más "amigable para los buscadores".

"Ir a la iglesia" ha cambiado muy poco a lo largo de los años; todavía se ve y se siente más o menos igual. Solo se han realizado pequeños ajustes para brindarnos una versión nueva y mejorada de lo mismo. El mundo lo sabe, y se mantienen alejados. Los cristianos saben esto, y están cansados, desilusionados y excitados por miles.

Perder la guerra cultural

La falta de verdadera pasión espiritual (que no sea superficial o simplemente exagerada) en la iglesia estadounidense ha resultado en un testimonio sombrío para el mundo. La disminución de los estándares espirituales de santidad ha llevado a la pérdida de nuestra voz cultural profética. La hipocresía y el escándalo desenfrenados han producido una avalancha de críticas y, como resultado, los no creyentes se apagan.

Si bien todavía existen en gran número, los cristianos se encogen de miedo y con frecuencia son superados por grupos como la ACLU, que continúa su implacable asalto para eliminar el cristianismo de nuestra cultura. Nuestra negativa a oponernos al mito popular y distorsionado de la "separación de la iglesia y el estado" ha contribuido significativamente al declive moral de nuestra nación. Quizás nuestro primer paso debería ser reconocer esto y arrepentirnos de nuestra apatía y falta de coraje.

> Lo único necesario para que triunfe el mal es que los hombres buenos no hagan nada. - Edmund Burke

Sí, la iglesia estadounidense está perdiendo la guerra para influir en nuestra cultura. La iglesia no solo está por lo general veinte o treinta años atrasada, sino que se ha negado a detener la infiltración de prácticas mundanas, humanistas e inmorales, incluso dentro de su propio campo. Esta falta de pasión y la propensión al compromiso, si no se revierte, sin duda nos llevará al borde del desastre como nación.

No tenemos ningún gobierno armado en el poder capaz de contender en las pasiones humanas desenfrenadas por la moral y la religión. Nuestra constitución fue hecha sólo para un pueblo moral y religioso. Es totalmente inadecuado para el gobierno de cualquier otro. - Presidente John Adams, discurso a la milicia de Massachusetts, 1798.

La historia no registra un solo precedente en el que las naciones sujetas a la decadencia moral no hayan pasado a la decadencia política y económica. Ha habido un despertar espiritual para superar el lapso moral, o un deterioro progresivo hasta el desastre nacional final. -General Douglas MacArthur

¿Revitalización o revolución?

Mucho de lo que hoy pasa por "crecimiento de la iglesia" y ministerio contemporáneo de vanguardia es poco más que un reenvasado y comercialización del mismo enfoque y programas que se han utilizado durante muchos años. Aunque se ha escrito y discutido extensamente, la innovación real hace mucha falta. El verdadero poder espiritual y la fuerza dinámica del cristianismo ha sido, en su mayor parte, absorbido por una mentalidad que enfatiza el entretenimiento y la competencia por los "consumidores" cristianos en el mercado.

Las mega-iglesias se han convertido en el segmento de iglesias de más rápido crecimiento en Estados Unidos, pero de la misma manera que con el crecimiento de Walmart, muchas iglesias más pequeñas han muerto debido a este cambio de mercado. En general, la membresía activa de la iglesia en los Estados Unidos ha disminuido: la gente acaba de migrar en diferentes direcciones. Estas "súper-iglesias" atienden al cristiano estadounidense promedio que quiere ser "alimentado" o entretenido espiritualmente, pero que desea permanecer perdido en la multitud y no involucrado o responsable de manera personal.

Otra tendencia reciente en Estados Unidos ha sido un movimiento creciente que surge del éxodo masivo de las iglesias tradicionales. Ya sea por dolor, frustración o desilusión, incontables miles de cristianos estadounidenses han salido del "sistema". Muchas de estas personas, tal vez como reacción directa a la atmósfera enorme e impersonal de las mega-iglesias, han encontrado su camino hacia lo que se ha llamado el "movimiento de iglesias en casas". Si bien afirman ser vanguardistas, simplificados y más bíblicos, estos grupos ya parecen llevar las mismas semillas de autodestrucción que han sido la ruina de muchos otros movimientos. La elección selectiva de las Escrituras y el énfasis, la superficialidad y el compromiso moral; así como líderes que compiten por posición y notoriedad, mientras que al mismo tiempo no rinden cuentas a los demás, son todos síntomas tempranos de esta independencia, Movimiento "fuera de la caja". Ya es obvio que simplemente cambiar la misma mentalidad, programas y debilidades de los edificios tradicionales de la iglesia a los hogares no proporcionará más que una novedad o tendencia temporal, mientras que hace poco para impactar genuinamente nuestra cultura o rectificar los compromisos dentro de la iglesia estadounidense.

Volver a ser la sal y la luz del mundo

Tal vez haya razones específicas por las que el verdadero avivamiento no ha llegado a la iglesia estadounidense. ¿Podría ser que estemos siguiendo los pasos de las iglesias en Europa, quienes entraron en la edad oscura espiritual hace mucho tiempo? ¿Será que después de siglos de división, vida inconsistente e hipocresía, el mundo secular ahora está mucho mejor capacitado para oler o detectar la falta de celo, amor, santidad y sinceridad genuinos? La libertad sin responsabilidad personal y sin santidad conduce a una religión a medias. La ausencia de una verdadera presión o persecución eventualmente resulta en que la iglesia se vuelva gorda, somnolienta y perezosa.

Para experimentar un verdadero avivamiento y una vez más impactar nuestra cultura con el mensaje de Cristo, es imperativo que los creyentes, y especialmente los líderes de la iglesia, reconozcan claramente estos problemas y tengan un sincero cambio de corazón. La mera charla es hueca, y la actividad febril ha logrado muy poco. ¡Debemos tener un profundo arrepentimiento nacional para experimentar un verdadero avivamiento! Para ser la sal y la luz del mundo una vez más, debemos vivir verdaderamente la vida que Jesús enseñó, y al seguir su ejemplo en nuestra vida diaria, tocaremos la vida de los que nos rodean de manera profunda.

> Tal vez hubiera creído en un Redentor si los cristianos se hubieran visto más redimidos. - Freidrich Nietche, filósofo alemán

Capítulo diez

La erosión de la libertad

Ninguno está más esclavizado que aquellos que creen falsamente que son libres. - Johann Von Goethe

Durante varias generaciones se ha producido una erosión de la libertad en Estados Unidos. Esto ha sido causado por varios factores: la creación de nuestro sistema bancario centralizado (la Reserva Federal), los impuestos sobre los ingresos personales, el crecimiento descontrolado de nuestro gobierno federal y el declive moral de nuestra cultura.

La naturaleza de la bestia

La libertad pierde terreno gradualmente porque el gobierno humano inherentemente busca ganar o apoderarse de más y más poder a medida que pasa el tiempo. Al igual que una ley de la naturaleza, la esencia misma del gobierno humano está sujeta a los defectos de la propia naturaleza humana ya un deterioro gradual. Los únicos medios para combatir esto son controles y equilibrios estrictamente aplicados, combinados con un sentido interno de conciencia y responsabilidad personal. Una vez más, me maravillo de las ideas de nuestros padres fundadores:

El progreso natural de las cosas es que la libertad ceda y el gobierno gane terreno. - Thomas Jefferson

El gobierno convierte toda contingencia en una excusa para potenciar el poder en sí mismo. - John Adams

Creo que hay más casos de coacción de la libertad del pueblo
por usurpación gradual y silenciosa de los que están en el poder
que por usurpaciones violentas y repentinas. - James Madison

Una nación basada en la ley

Los redactores de nuestra república determinaron formar un gobierno del
pueblo, por el pueblo y para el pueblo. Sin embargo, al estar
profundamente conscientes tanto de las tendencias de la naturaleza
humana como de los gobiernos humanos, sabían que la única esperanza
para tal sociedad debe estar firmemente construida sobre una base sólida.
Con este fin, diseñaron una república construida directamente sobre los
principios o el código moral de la fe judeocristiana y los preceptos tanto
del derecho consuetudinario como del derecho constitucional. Este
enfoque proporcionó el mejor marco para nuestro gobierno y cultura
estadounidenses. Esta poderosa combinación ha resistido más de 230
años de ataques y compromisos, pero no puede durar para siempre sin
una renovación de estos principios.

Donde termina la ley, comienza la tiranía. - John Locke

El tío Sam invade tu vida personal

De todas las formas imaginables, el gobierno federal ha invadido nuestras
vidas personales hasta tal punto que la elección y la libertad personales
han sido casi destruidas. Las escuchas telefónicas y el espionaje por
Internet de los ciudadanos estadounidenses están aumentando
rápidamente. Los registros e incautaciones ilegales están en aumento.
Parece que todo el mundo quiere una parte de nuestros ingresos ganados
con tanto esfuerzo, ya sea en forma de impuestos, intereses o tarifas de
todo tipo. Se nos dice que debemos tener una licencia o permiso para
hacer casi cualquier cosa y, por supuesto, la razón es para que el gobierno
pueda "protegernos" de los delincuentes y otras personas sin escrúpulos.
Sin embargo, al mismo tiempo, el gobierno, la aplicación de la ley y el
sistema judicial se han convertido en lodazales de incoherencia,
desorganización y prácticas corruptas. Como resultado, ahora tenemos
un laberinto de dobles raseros complicados y lagunas que hacen que la
aplicación de las leyes simples existentes sea bastante difícil. El sentido
común, la equidad y la justicia han sido abandonados por la mayoría en el

proceso. Los políticos y los fallos judiciales ahora son comprados con frecuencia por quienes tienen más dinero o influencia.

Con la llegada de las cámaras montadas en público para observar las infracciones de tránsito; y el desarrollo de dispositivos computarizados de monitoreo y rastreo, el Tío Sam y su ejército de cohortes estatales y locales están bien encaminados para conocer cada uno de sus movimientos. Una multitud de otros desarrollos alarmantes están en el horizonte, lo que hace que el libro de George Orwell *1984* y la reciente película *V de Vendetta* parezcan estar muy cerca.

Comercio de libertad por seguridad

> Los que pueden renunciar a la libertad esencial para obtener un poco de seguridad temporal no merecen ni la libertad ni la seguridad. - Benjamin Franklin

En quizás el comercio más costoso de todos, los estadounidenses se han dejado despojar sistemáticamente de sus derechos inalienables otorgados por Dios y de las libertades esenciales garantizadas por los documentos fundacionales de nuestra nación. En un canje ingenuo y ciego por promesas de beneficios y protección, hemos entregado voluntariamente estos preciosos regalos. Esta es siempre la forma en que los gobiernos humanos toman más y más control. Se hicieron las siguientes comparaciones con respecto a los ciudadanos de la antigua Atenas, Grecia:

> Al final, más que libertad, querían seguridad. Cuando los atenienses finalmente querían no dar a la sociedad sino que la sociedad les diera a ellos; cuando la libertad que deseaban era la libertad de la responsabilidad, entonces Atenas dejó de ser libre. - Edward Gibbon

> Su historia [la de los atenienses] proporciona el ejemplo clásico del peligro de la democracia en condiciones singularmente favorables... Eran los más religiosos de los griegos. Veneraron la constitución que les había dado prosperidad, igualdad y libertad... Toleraron una considerable variedad de opiniones y una gran libertad de expresión... Se convirtieron en el único pueblo de la antigüedad que se hizo grande gracias a las instituciones democráticas. Pero la posesión de un poder

ilimitado, que corroe la conciencia, endurece el corazón y confunde el entendimiento de los monarcas, ejerció su influencia desmoralizadora sobre la ilustre democracia de Atenas. - Lord Acton (John E. Dalberg), *La historia de la libertad en la antigüedad*

Cómo detener el sangrado

Estados Unidos sufre lo que puede ser una herida mortal, y pocos parecen siquiera reconocer la crisis. Se necesita una cirugía nacional que salve vidas, y no debemos demorarnos. De lo contrario, ¿cómo preferiría ser esclavizado: por medios rápidos y enérgicos, o por una invasión lenta e incremental?

> El verdadero peligro es cuando la libertad es mordisqueada, por expedientes y por partes. - Edmund Burke

> La libertad sin obediencia es confusión; y la obediencia sin libertad es esclavitud. - William Penn

> Todo gobierno sin el consentimiento de los gobernados es la definición misma de la esclavitud. - Jonathan Swift

> Los límites de los tiranos están prescritos por la resistencia de aquellos a quienes reprimen. - Frederick Douglas

Esta crisis debe detenerse alertando y educando al pueblo estadounidense. Despertar y movilizar a las masas dormidas es la clave para lograr un verdadero cambio. Al mismo tiempo, debemos esperar y orar por un avivamiento espiritual genuino en nuestra nación para reparar el gran daño causado a la conciencia estadounidense por años de bombardeo de influencias negativas.

> La libertad no puede conservarse sin un conocimiento general entre el pueblo. - John Adams, *Disertación sobre el canon y la ley feudal*, 1765

> El hombre finalmente será gobernado por Dios o por tiranos. - Benjamin Franklin

La verdad es que todos podrían ser libres si valorasen la libertad y la defendieran como se debe. - Samuel Adams

Si los hombres, por miedo, fraude o error, renunciaran o renunciaran en términos a cualquier derecho natural, la ley eterna de la razón y el gran fin de la sociedad anularían absolutamente tal renuncia. Siendo el derecho a la libertad don de Dios, no está en poder del hombre enajenar este don y convertirse voluntariamente en esclavo. - Samuel Adams

La libertad es el corazón y el alma del sueño americano. Nuestra nación se fundó sobre los principios de la libertad personal y el derecho del pueblo a determinar sus propias elecciones y destino. El pueblo creó el gobierno para facilitar sus intereses y defensa comunes, no para controlar y dictar cada área de la vida. Para preservar la grandeza de nuestra nación, debemos ver un renacimiento de la libertad en Estados Unidos y una restauración completa de estos principios fundamentales.

Capítulo Once

Una ilusión de grandeza

América la Bella, la tierra de los libres y el hogar de los valientes, se está convirtiendo rápidamente en algo muy diferente de lo imaginado por generaciones de patriotas estadounidenses. La sustancia y la estatura de la verdadera grandeza ahora están empañadas y deterioradas. Sin embargo, nuestros líderes todavía parecen decididos a mantener la ilusión de libertad y el sueño americano.

Los maestros de la ilusión

¿Por qué muchos conceptos simples no se registran en personas que aparentemente son tan inteligentes o experimentadas? ¿Cómo desconectar nuestro dinero del oro o la plata; vender Estados Unidos (y empleos estadounidenses) a naciones o empresas extranjeras; o dirigir nuestra nación con un déficit de billones de dólares tiene algún sentido? ¿Cómo puede nuestro gobierno afirmar que estamos envueltos en una "guerra contra el terror" y, sin embargo, dejar nuestras fronteras abiertas, brindando fácil acceso a inmigrantes ilegales, delincuentes y terroristas? Y por cierto, ¿cómo se convierte la fuerza bruta o la guerra en general en el principal medio para "asegurar la paz" en el mundo? ¿O por qué las personas con más dinero o las conexiones adecuadas parecen poder vivir por encima de la ley? Preguntas elementales como estas deben ser respondidas por nuestros líderes. ¿Podrías bajar de tu pedestal a nuestro nivel para que podamos entender?

Tras un estudio más profundo, nos damos cuenta de que la estupidez no es el problema real aquí, sino motivos egoístas y agendas ocultas. Cuando se examina de cerca, el ejemplo establecido por nuestro gobierno expone estos secretos astutamente ocultos. Si bien la inmoralidad desenfrenada y la decadencia social se convierten en la norma, nuestros líderes han estado ocupados llenándose los bolsillos y el pueblo estadounidense simplemente lucha para salir adelante con todas las cargas adicionales que se les han impuesto. ¡Tantos abogados, políticos, médicos, científicos, educadores, tanta gente inteligente y, sin embargo, tan pocas respuestas y tan poco sentido común!

¿Causan indignación las frecuentes denuncias de escándalo y corrupción en nuestro gobierno? No, estamos demasiado ocupados o preocupados. Innumerables estudios e informes han demostrado que la mayoría de los estadounidenses tienen sobrepeso y están endeudados, al igual que nuestro gobierno. Pero, ¿el conocimiento de estos hechos ha causado algún cambio real para la mayoría de las personas? No, porque la mayoría de los estadounidenses no solo son gordos y perezosos, sino también apáticos. Aquí hay otra dosis de sentido común:

> Piense en lo que hace cuando se endeuda; le das a otro poder sobre tu libertad. - Benjamin Franklin

> La filosofía del salón de clases en una generación será la filosofía del gobierno en la siguiente. - Abraham Lincoln

> Los ricos gobiernan a los pobres; y el prestatario convertido en esclavo del prestamista. - Proverbios 22:7

Cómo funciona el sistema

Otra ilusión popular es la del sistema político bipartito estadounidense. Cuando se prueba o se pone bajo el microscopio, se vuelve bastante evidente que hoy en día los demócratas y los republicanos comparten prácticamente los mismos ideales y objetivos. Sin embargo, el debate sobre detalles o procedimientos relativamente insignificantes es suficiente para reforzar la ilusión de la mayoría de las personas de que todavía hay dos partes. Si bien los demócratas han iniciado muchas políticas o programas a lo largo de los años que descaradamente no eran constitucionales, los republicanos han demostrado su historial de mejorar y perpetuar estos mismos programas. El argumento de que los republicanos luchan contra los grandes gastos y representan valores conservadores ahora es cosa del pasado.

Una buena ilustración de esto serían los chistes que circulan sobre lo que Washington DC les hace a los nuevos políticos idealistas. Washington es conocido como el molinillo de carne de las buenas intenciones, y los nuevos líderes más entusiastas pronto se ven comprometidos y corrompidos en la capital de nuestra nación. Cabilderos, intereses corporativos, grupos de intereses especiales y compañeros políticos se aprovechan de estas nuevas voces y les brindan una educación rápida sobre cómo funcionan realmente las cosas en el pozo negro de la política estadounidense.

Las elecciones en sí mismas se han convertido en su mayor parte en un ejercicio inútil, pero al mismo tiempo son una de nuestras últimas esperanzas de cambio. Las leyes injustas de acceso a las boletas y los obstáculos monetarios, los debates públicos controlados y el proceso de votación en sí son solo la punta del iceberg. El potencial de fraude electoral siempre será un problema cuando tenemos tantas personas engañosas y tortuosas en posiciones de poder. Las buenas personas deben oponerse a estas farsas en nuestras leyes y procesos electorales.

Sí, Estados Unidos puede perder

Después de años de derramamiento de sangre y sumas de dinero incalculables gastadas durante el conflicto de Vietnam, nuestra nación y sus veteranos enfrentaron la agonía y la vergüenza de la derrota a manos de un enemigo determinado pero inferior. Ahora enfrentamos un destino similar en Iraq, a menos que nuestros políticos de alguna manera tengan un milagroso cambio de opinión. Cualquiera que sea el giro que le den a la historia, la invasión y ocupación de Iraq debe quedar grabada para siempre en nuestras mentes como uno de los ejemplos más engañosos y flagrantes del poder y la codicia de la maquinaria de guerra estadounidense. Aquellos lo suficientemente ingenuos o ciegos para creer que Estados Unidos es inmune a la derrota deberían reconsiderar seriamente los hechos de la historia.

¿El carácter cuenta más?

Nuestra nación es un reflejo de nuestros líderes; y nuestros líderes son un reflejo de nosotros. Cuando la gente ha perdido el rumbo en una niebla de normas morales poco claras y una vida egocéntrica, los resultados son siempre los mismos. El deterioro social comienza a establecerse y aquellos que son más engañosos y poderosos se apresuran a llegar a la cima de la pila de estiércol. Sabes que algo anda muy mal cuando las personas se burlan o se ríen cuando mencionas abogados o políticos en la misma oración con las palabras honestidad, verdad o integridad.

Los niveles de corrupción y escándalo generalizados dentro de nuestro propio gobierno rivalizan con cualquier cosa en la mayoría de los países del tercer mundo, excepto que hemos aprendido a manipular los medios y engañar al público con medidas menos contundentes u obvias. Nuestro gobierno fue diseñado originalmente para tener un sistema integrado de frenos y contrapesos, pero hoy vemos serias desviaciones en las tres ramas de nuestro gobierno. Los redactores de nuestra República se quedarían boquiabiertos al ver que hemos conservado la apariencia y el lenguaje del mismo gobierno, al mismo tiempo que hemos extraído los elementos esenciales que preservarían las libertades que lucharon por establecer.

Ni la constitución más sabia ni las leyes más sabias asegurarán la libertad y la felicidad de un pueblo cuyos modales son universalmente corruptos. - Samuel Adams

Alimentación en el abrevadero

Estados Unidos se ha convertido en un gran lote de alimentación, donde la gente espera y espera que el gobierno entregue sus alimentos y provisiones. Hemos llegado a creer que es responsabilidad del gobierno cuidar de nosotros. Si hay un problema o una crisis, el gobierno debe solucionarlo. Y claro, si hay algo que no nos gusta, se convierte en culpa del gobierno. Muchos estadounidenses han sido reducidos a un nivel animal en el que su única preocupación consciente es su entorno inmediato y su propio sustento y placer. Y la mayoría de nosotros no nos damos cuenta de que este sistema en realidad fue pensado de antemano y se nos impuso.

La política se ha convertido en un proceso de división de los recursos que han sido confiscados a los trabajadores estadounidenses y luego redistribuidos a otros a través de una red de agencias gubernamentales de múltiples capas. Hace tiempo que se olvidó la responsabilidad principal del gobierno de proteger y proteger nuestras libertades y el bien común de las personas. ¡Los resultados son como un frenesí de alimentación en el comedero! La mayoría de las discusiones relacionadas con la política moderna giran en torno a los detalles de cómo distribuir los dólares de los contribuyentes o quién obtiene una porción más grande del pastel. Verdaderamente estamos en peligro de convertirnos en un estado socialista y totalitario que promete cuidarnos, si tan solo renunciamos a nuestra individualidad, opiniones y derechos.

> Un gobierno que es lo suficientemente grande como para suministrar todo lo que necesitas es lo suficientemente grande como para tomar todo lo que tienes. - Thomas Jefferson

> El proletariado utiliza el Estado no en interés de la libertad sino para someter a sus adversarios, y tan pronto como se puede hablar de libertad, el Estado como tal deja de existir. - Friedrich Engels, 1875, citado posteriormente por Lenin

Manipulado por el miedo

Una táctica común y despreciable utilizada por quienes buscan el poder o el control sobre los demás es crear una atmósfera de miedo e incertidumbre, de modo que las personas necesiten a alguien que las proteja y las guíe hacia lo desconocido. Nadie conoce verdaderamente el futuro, o puede predecir qué eventos pueden ocurrir, o qué podrían hacer otras personas o naciones. Este hecho es una desafortunada realidad de la vida. Nuestros líderes quieren que creamos que ellos son los expertos y que debemos confiar en ellos. En lugar de recordarnos que pongamos nuestra confianza en Dios y asumamos la responsabilidad personal, utilizan el engaño y el miedo para manipular a la población y, a menudo, para su propio beneficio.

La respuesta para vencer el miedo es muy personal e implica fe y responsabilidad personal, combinadas con el conocimiento de la verdad. Las personas son fácilmente esclavizadas cuando desconocen los hechos, por la razón que sea. Nuestros padres fundadores entendieron este concepto claramente:

> Esta será la mejor seguridad para mantener nuestras libertades. Una nación de hombres bien informados, a quienes se les ha enseñado a conocer y apreciar los derechos que Dios les ha dado, no puede ser esclavizada. - Benjamin Franklin

El miedo sólo puede prevalecer cuando las víctimas ignoran los hechos. - Thomas Jefferson

Para disipar esta ilusión y restaurar nuestra república a la verdadera grandeza, debemos despertar y educar al pueblo estadounidense. Despertar y equipar a las personas para que entiendan sus propios derechos y responsabilidades como ciudadanos estadounidenses creará el impulso y la presión necesarios para lograr un cambio real y salvar a nuestro país.

Capítulo Doce

El Nuevo Orden Mundial Venidero

El ex presidente George HW Bush habló con frecuencia de un "nuevo orden mundial" que imaginó en el horizonte. Cuando habló sobre esto y sus "1000 puntos de luz", la mayoría de nosotros nos divertimos y pensamos que solo estaba siendo idealista o filosófico. La sorprendente realidad, sin embargo, fue que simplemente estaba verbalizando un movimiento fuerte, aunque virtualmente desconocido, que busca crear un gobierno mundial. Considere estos comentarios de conocidos estadounidenses del pasado:

> Creo que nuestro Gran Hacedor está preparando al mundo, en Su propio tiempo, para convertirse en una nación, hablando un idioma. - Presidente Grover Cleveland, discurso inaugural, 1893.

> He amado una sola bandera y no puedo compartir esa devoción y dar cariño al estandarte mestizo inventado para una liga. - Senador Henry Cabot Lodge, comentarios en el Senado, 1919

Allanando el camino para un gobierno mundial

Como se mencionó anteriormente, organizaciones como las Naciones Unidas, la Organización Mundial del Comercio, el Banco Mundial, el Consejo de Relaciones Exteriores, la Comisión Trilateral y muchas otras, han existido por algún tiempo, y todas ellas están enfocadas en crear una red global. economía y gobierno. Los eventos recientes que pasan desapercibidos para la conciencia pública involucran el Acuerdo de

Seguridad y Asociación entre los Estados Unidos, México y Canadá; la formación de una Unión Norteamericana similar a la Unión Económica Europea; y la construcción de una superautopista NAFTA a través del corazón de América. En el camino, nuestro gobierno se ha negado a proteger nuestras fronteras de la invasión de inmigrantes ilegales y no ha logrado procesarlos a ellos ni a las empresas estadounidenses que los contratan.

Si bien estamos preocupados por la "guerra contra el terrorismo", lamentablemente prestamos poca atención a los crecientes sentimientos antiestadounidenses en todo el mundo. Si bien buscamos forjar acuerdos que unan a toda América del Norte, Central y del Sur en una superalianza regional, no captamos todas las ramificaciones de estar tan estrechamente alineados con países inestables que comparten tan poco de nuestra herencia o forma de gobierno. El Islam militante también representa una amenaza creciente que pocos parecen entender realmente. El surgimiento y la amenaza de la China Roja asoma en el fondo y debe abordarse. Y las capacidades nucleares de naciones como Rusia, Corea del Norte, China, Irán, Pakistán e India también son muy reales.

Seguridad, ¿a qué precio?

A estos desarrollos internacionales, agregue el creciente uso doméstico de métodos de vigilancia, incluidas las cámaras utilizadas (hasta ahora) para infracciones de tránsito, escuchas telefónicas, espionaje en Internet, censura, tarjetas de identificación nacional y el advenimiento de chips o dispositivos de seguimiento de radiofrecuencia; y pueden ver que estamos en camino de vivir en un estado totalitario, como una película de ciencia ficción que pensamos que nunca sería posible aquí en Estados Unidos. La premisa del gobierno para todo esto gira en torno a la "guerra contra el terrorismo", y aunque muchos estadounidenses dudan seriamente de las historias oficiales de los ataques del 11 de septiembre, la base de todo esto, todavía confían en el hecho. que nos acobardaremos de miedo o simplemente nos olvidaremos y seguiremos con nuestras vidas como buenas ovejitas.

Estados Unidos necesita un verdadero liderazgo y respuestas a estos problemas, además de un plan para formar un gobierno global a expensas de nuestra propia nación. Necesitamos desesperadamente un regreso al gobierno constitucional y un compromiso de preservar, proteger y defender a Estados Unidos primero. Debemos comenzar a alejarnos de las políticas de intervención global y de enredar alianzas con naciones extranjeras. Los estadounidenses deben elegir el camino superior de creer que en un mundo corrompido por el pecado en un millón de formas, debemos guiar al mundo con nuestro ejemplo de carácter, autodeterminación y compasión. Si no hacemos esto, finalmente experimentaremos la ira de otras naciones y poderes malignos empeñados en destruirnos.

La escritura a mano en la pared

De hecho, un gobierno mundial está en el horizonte, como cualquier estudiante de la Biblia ya sabe. La pregunta es: ¿cuál debe ser nuestra respuesta? ¿Deberíamos pensar en nosotros mismos o esperar lo mejor? ¿Simplemente aceptamos lo que el destino nos traiga? ¿Debemos escondernos con miedo y simplemente "esperar hasta que Jesús venga"? Al final, supongo que puedes y harás lo que quieras, pero te estoy pidiendo responsabilidad personal y activismo. Creo que esto es consistente tanto con las enseñanzas de Cristo como con las de nuestros padres fundadores.

> Por tanto, estad alerta, porque no sabéis en qué día vendrá vuestro Señor. Pero estad seguros de esto, que si el padre de familia hubiera sabido a qué hora de la noche iba a venir el ladrón, se habría alertado y no habría permitido que entraran en su casa. Por eso prepárate tú también; porque el Hijo del Hombre viene a la hora que no pensáis que vendrá. – Evangelio de Mateo 24:42-44

> Estén atentos para que sus corazones no se carguen con la disipación y la embriaguez y las preocupaciones de la vida, y ese día venga de repente sobre ustedes como una trampa; porque vendrá sobre todos los que moran sobre la faz de la tierra. Pero velad en todo tiempo, orando para que tengáis fuerzas para escapar de todas estas cosas que están por suceder, y para estar en pie delante del Hijo del Hombre. - Evangelio de Lucas, 21:34-36

> La tiranía, como el infierno, no se vence fácilmente; sin embargo, tenemos este consuelo con nosotros, que cuanto más duro es el conflicto, más glorioso es el triunfo. Lo que

obtenemos demasiado barato, lo estimamos demasiado a la ligera; es sólo el cariño lo que da a todo su valor. - Thomas Paine

Nuestra disputa no es sólo si nosotros mismos seremos libres, sino si se dejará a la humanidad un asilo en la tierra para la libertad civil y religiosa. - Samuel Adams

En este conflicto final de las eras, cada uno de nosotros debe enfrentar con convicción y coraje las duras realidades del Nuevo Orden Mundial que se avecina. Mi esperanza es que este libro sea un catalizador para motivarte y desafiarte a estar preparado para lo que está por venir, y a alinearte con la libertad y la verdad en el proceso.

Capítulo Trece

Luchando por el futuro de América

En un mundo de engaño universal, decir la verdad es revolucionario. - George Orwell, en su libro *1984*

La erosión continúa

Durante más de dos generaciones, Estados Unidos ha experimentado una erosión gradual tanto de los valores morales como de la adhesión a la Constitución de los Estados Unidos. Esta erosión ha sido generalizada e implacable, aparentemente impulsada por cambios importantes en nuestra cultura y opinión popular. La eliminación incremental de nuestra herencia judeocristiana también continúa, sin cesar. Solo durante mi vida, hemos sido testigos de la prohibición de la oración y la lectura de la Biblia en las escuelas públicas y, más recientemente, de la exhibición pública de los Diez Mandamientos. Hemos experimentado la revolución sexual, el surgimiento del feminismo radical, el aborto legalizado y el surgimiento de la homosexualidad abierta y los "matrimonios" entre personas del mismo sexo. La familia estadounidense, junto con nuestra comprensión de la historia estadounidense y nuestra Constitución, han sido reinterpretados,

Muchos se jactan del progreso tecnológico, científico y cultural, pero ahora nos enfrentamos a cuestiones éticas alucinantes de la investigación con células madre y fetales, las "opciones selectivas" genéticas y la eutanasia. Uno pensaría que cualquier persona que aún poseyera una conciencia moral se indignaría y hablaría para detener esta locura. En realidad, encontramos, en cambio, una población estadounidense adormecida en la complacencia y el silencio, dispuesta a cambiar las libertades garantizadas por nuestra Constitución por una falsa sensación de seguridad y prosperidad.

Esta erosión ha profundizado el abismo creciente entre los verdaderos conservadores y aquellos que tienen la intención de redefinir nuestro estilo de vida estadounidense. Está claro que los dos partidos principales están en un giro implacable hacia la izquierda. La retórica que intenta mantener la ilusión de conservadurismo en el Partido Republicano es todo lo que queda, y el Partido Demócrata está firmemente arraigado en los valores liberales y el socialismo. Los acontecimientos recientes han demostrado claramente que las tres ramas de nuestro gobierno están seriamente fuera de contacto con la visión y la intención de nuestros padres fundadores, así como con las limitaciones que les impone la Constitución.

Un hogar verdaderamente disfuncional

Al apartarse de la Constitución, las tres ramas de nuestro gobierno federal se han vuelto disfuncionales. El Poder Ejecutivo ha continuado enfocándose en una guerra inconstitucional y engañosa en Iraq y una "guerra contra el terror" artificial, mientras ignora misteriosamente la seria amenaza de la inmigración ilegal y nuestras propias fronteras abiertas. El presidente incluso criticó bastante el Proyecto Minuteman como un grupo de "vigilantes". Fue uno de los principales defensores de la Ley Patriota, así como del TLCAN y el CAFTA, acuerdos comerciales que continuarán desviando empleos estadounidenses a otros países y eventualmente conducirán a la unificación regional de todo el hemisferio occidental. El presidente también ha demostrado sus verdaderos colores en sus elecciones para los candidatos a la Corte Suprema y su reiterado desprecio por la Constitución de los Estados Unidos. Su uso descontrolado de órdenes ejecutivas para imponer su propia voluntad es espantoso y traidor. Con todo esto, no es de extrañar que sus índices de aprobación sean tan bajos que incluso muchos conservadores leales hayan comenzado a saltar del barco republicano. Con todos los métodos y acciones tortuosos de las administraciones recientes, uno realmente se pregunta acerca de la siguiente predicción:

> La tiranía de los legisladores es en la actualidad y será durante muchos años nuestro peligro más temible. La tiranía del ejecutivo surgirá a su vez, pero en un período más lejano.
> - Thomas Jefferson

El Poder Legislativo ha seguido el ritmo al endeudarnos más, aprobar el CAFTA, renovar la Ley Patriota y aprobar proyectos de ley para una tarjeta de identificación nacional y "contra los crímenes de odio". Pieza a pieza, tan gradualmente que la mayoría de los estadounidenses no se dan cuenta, el Congreso continúa la erosión sistemática de las libertades garantizadas por nuestra Constitución. En el horizonte se avecina más legislación sobre antiterrorismo, deducciones de impuestos sobre la renta, derechos de armas, el acuerdo comercial ALCA y un posible reclutamiento militar.

El Poder Judicial, para no quedarse atrás, ha estado ocupado involucrándose en la decisión de acabar con la vida de Terry Schiavo, prohibiendo la exhibición pública de los Diez Mandamientos y extendiendo el concepto de dominio eminente para reducir aún más los derechos de propiedad de los estadounidenses. La Corte Suprema pronto considerará casos adicionales relacionados con el Juramento a la bandera y la eliminación de "In God We Trust" de nuestra moneda. Ya está en marcha un movimiento para eliminar las muchas referencias a Dios y la Biblia inscritas en muchos de nuestros monumentos nacionales y edificios gubernamentales. Dado que el poder judicial parece creer que tiene el poder de crear leyes con sus decisiones, ciertos grupos siempre pueden encontrar un juez que falle a su favor. Una vez más, Thomas Jefferson parecía tener una visión profética de esta usurpación inconstitucional del poder por parte de la Corte Suprema:

> Durante mucho tiempo ha sido mi opinión… que el germen de disolución de nuestro gobierno federal es… nuestro Poder Judicial Federal; un cuerpo irresponsable… trabajando como la gravedad de noche y de día, ganando un poco hoy y un poco mañana, y avanzando su paso silencioso como un ladrón, sobre el campo de jurisdicción, hasta que todo sea usurpado de los Estados, y el gobierno de todos se consoliden en uno.

La Ley Suprema de la Tierra

En una república, el gobierno existe por la voluntad del pueblo y está firmemente basado en un fundamento de derecho y un código de moral compartido. Para nosotros, nuestra "Ley Suprema" es la Constitución de los Estados Unidos. Nuestro código moral se derivó de las enseñanzas de la Biblia. Los resultados de no mantener estos pilares fundamentales son muy evidentes hoy en día.

Los abogados y los jueces, al igual que los políticos, han creado a lo largo de los años un laberinto de interpretaciones contradictorias. Su poder e influencia ha crecido a tal grado que se han colocado por encima de los principios fundamentales de nuestra nación. Ahora se considera que el sistema judicial tiene el poder de crear leyes, sobre la base de precedentes establecidos en otros casos judiciales. Sin embargo, estos mismos abogados y jueces aplican de manera inconsistente la aplicación de estas leyes. Esto elude el proceso legislativo apropiado y rompe el sistema de frenos y contrapesos en nuestro gobierno. Al eliminar las declaraciones claras y las restricciones de la Constitución, se levanta el ancla de nuestra república y somos libres de ir a la deriva donde dicten las corrientes de nuestros líderes o la opinión pública.

> Nadie está obligado a obedecer una ley inconstitucional y ningún tribunal está obligado a hacerla cumplir. - *Decimosexta Jurisprudencia Americana*, Segunda Edición

> Independientemente de cómo la Corte pueda interpretar las disposiciones de la Constitución, sigue siendo la Constitución la que es la ley y no la decisión de la Corte. - Charles Warren, La Corte Suprema en la Historia de los Estados Unidos

> La Constitución es la única fuente y garantía de la libertad nacional. - Presidente Calvin Coolidge

El último eslogan para la Constitución es que es un "documento vivo", lo que implica que es opcional y puede ser ignorado, eludido o alterado por quienes están a cargo. Cuando se le preguntó acerca de la constitucionalidad de sus propuestas, el presidente George W. Bush incluso fue grabado en una cinta soltando los vergonzosos comentarios: "Esa Constitución… es solo un maldito trozo de papel".

Despierta, América

A medida que nuestro gobierno continúa llevándonos por el camino de la globalización y la pérdida de nuestra soberanía nacional, intentan manipular al pueblo estadounidense prometiéndoles más beneficios, seguridad y protección. ¿Pensé que este tipo de tácticas de engaño y miedo eran marcas registradas de la mafia o el crimen organizado? Quieren que creamos que necesitamos al hermano mayor para protegernos de los terroristas o cualquier fantasma que pueda aparecer. Pero, ¿quién va a protegernos del hermano mayor?

¡Los estadounidenses deben despertarse antes de que sea demasiado tarde! Las elecciones recientes han demostrado la ira y la frustración del público estadounidense, y muchos analistas sienten que el resultado no es tanto un respaldo al Partido Demócrata como un repudio a la continua deriva del Partido Republicano. Cada día que pasa, los dos grandes partidos parecen más y más iguales, hasta el punto de que incluso algunos miembros de los medios comienzan a cuestionar y exponer la loca dirección que están tomando. La pregunta es, ¿suficientes personas escucharán y tomarán medidas?

Numerosos grupos están trabajando arduamente para restaurar los principios constitucionales en nuestra nación, pero no existe una unidad general o una estrategia cohesiva entre ellos. La mayoría se enfoca en un tema en particular, como el aborto, la inmigración ilegal, los derechos de propiedad, los impuestos, etc. Desafortunadamente, esto a menudo se convierte en una batalla interminable para apagar incendios forestales individuales, y sin un esfuerzo coordinado para despertar al pueblo estadounidense este no será suficiente para detener el furioso incendio forestal que amenaza con engullir a toda nuestra nación.

> Todos estamos peleando una guerra en muchos frentes, lo que efectivamente ha dividido nuestras tropas y recursos. Por eso hemos sido tan fáciles de derrotar. Si podemos juntar nuestros recursos y aceptar pelear esta guerra cultural en un frente y concentrar nuestras energías en un objetivo específico, podemos ser imparables. — John Diamond, *El ascenso de América*

En un artículo reciente criticando el liderazgo tanto de republicanos como de demócratas durante dos generaciones, David Broder, columnista del Washington Post, finalizó su artículo con esta pregunta penetrante:

> Dejando atrás una gran pregunta: cuando ambos partidos han perdido la confianza del público, ¿a dónde recurren los votantes?

Surgimiento del Partido de la Constitución

Una de nuestras esperanzas más brillantes, que representa la gama de estos temas, es el surgimiento de un nuevo partido político llamado Partido de la Constitución. Han irrumpido en la escena estadounidense como respuesta directa a esta erosión de los valores estadounidenses. En todo Estados Unidos, los verdaderos patriotas están comenzando a tomar una posición contra el engaño y la corrupción que nos imponen los políticos, los banqueros, las grandes empresas y los extranjeros que están decididos a moldear y controlar nuestro futuro. El Partido de la Constitución está llamando a nuestra nación a regresar a los principios fundamentales de un gobierno constitucional limitado y las creencias judeocristianas que proporcionaron la base cultural y moral de nuestra sociedad.

Con el descontento y la ira de los votantes en aumento, el Partido de la Constitución está preparado para llegar a millones de estadounidenses que se sienten cada vez más frustrados y desilusionados por los dos partidos políticos principales. Su misión es clara: educar y movilizar a tantos estadounidenses como sea posible mientras todavía hay tiempo y libertad para hacerlo. Tienen la intención de proporcionar una alternativa clara al dominio absoluto de nuestro sistema político actual.

El costo de la apatía

Estados Unidos enfrenta hoy un peligro mayor que las amenazas del terrorismo, el colapso económico o la invasión de una potencia extranjera. Acechando en lo profundo del corazón de Estados Unidos hay un enemigo mucho más peligroso y formidable: la APATÍA.

Innumerables millones de estadounidenses se han dejado engañar al pensar que Estados Unidos tiene cierta inmunidad mágica contra los errores y la erosión cultural que han causado la caída de muchas otras potencias mundiales a lo largo de la historia. Nuestros líderes nos han llevado por este camino y pronto pagaremos por ello. Esta mentalidad ingenua y auto exaltada ha creado desconfianza y resentimiento en todo el mundo, mientras que aquí en casa hemos sembrado las semillas de nuestra propia autodestrucción.

Mientras me he esforzado por educar y alertar a la gente sobre los problemas y peligros que enfrentamos como nación, he visto al feo monstruo de la apatía levantar la cabeza demasiadas veces como para contarlas. La apatía muestra su cara en muchas formas diferentes. Produce pereza, procrastinación y una brecha terrible entre lo que la gente dice que cree y lo que realmente hace. Este estándar dual perpetúa un ciclo de mayor engaño, compromiso e indiferencia, ya que las personas deben justificar subconscientemente su comportamiento dicotómico. El resultado final de vivir de esta manera es volverse tibio y letárgico. Esta epidemia de apatía, si no se detiene, seguramente será la muerte de nuestra república libre. Al mismo tiempo, una cirugía nacional que resulte en su extirpación sería nuestra salvación.

La mayoría de los estadounidenses parecen ignorar y no preocuparse por los problemas que amenazan nuestro futuro como nación. Muchas cosas toman el lugar del verdadero patriotismo en Estados Unidos, entreteniéndonos y distrayéndonos de estos asuntos cruciales. Se demuestra mucha más pasión por los eventos deportivos, la televisión, las películas, las fiestas y por acumular riquezas o posesiones que por proteger y asegurar nuestro patrimonio nacional y nuestro futuro. ¡Nuestros padres fundadores estarían bastante avergonzados de nosotros! Y Dios mismo diría que nos estamos quedando sin excusas.

A menudo me pregunto qué se necesitará para romper las cadenas de la apatía, incluso para las personas que parecen estar algo despiertas o que apoyan lo que estamos tratando de hacer. ¿Será un colapso económico o una mayor invasión y control del gobierno de nuestros derechos personales o propiedad? ¿Requerirá otra gran catástrofe, guerra o una invasión extranjera de nuestro propio país? ¿Nos despertaremos antes de que nuestras libertades se pierdan o sean arrebatadas por completo?

El costo de la apatía es demasiado alto para que permanezcamos en el atolladero de la sensibilidad cultural y la corrección política. Si no nos liberamos de los tentáculos de la apatía, pronto nos encontraremos frente a la incertidumbre de un futuro controlado por políticos corruptos y extranjeros que no aprecian nuestra herencia o valores estadounidenses únicos.

> El castigo que pagan los hombres buenos por la indiferencia a los asuntos públicos es ser gobernados por hombres malos.
> – Platón

> Dios concede la libertad sólo a quienes la aman y están siempre dispuestos a guardarla y defenderla. - Daniel Webster

Tenemos la verdad y la historia claramente de nuestro lado. Ya tenemos la Constitución y las leyes necesarias para cambiar el rumbo. Lo que nos falta es el corazón y la determinación de patriotas dedicados. Como dijo una vez Teddy Roosevelt:

> Mucho mejor es atreverse a cosas poderosas que ponerse al nivel de esos espíritus pobres y tímidos que no conocen ni la victoria ni la derrota.

Elijo la verdad sobre la opinión popular. Elijo la libertad por encima del calor y la seguridad. ¿Qué elegirás? Te insto a que busques en lo más profundo y te deshagas hoy de cualquier rastro de apatía. Luego encuentre a otros en su área y únase para salvar a nuestra gran nación, protegiendo nuestro futuro para nuestros hijos y nietos.

Comenzando los fuegos del cambio

Hoy existe un movimiento amplio y de rápido crecimiento de patriotas estadounidenses que está profundamente preocupado por la dirección que está tomando nuestro país. La creciente desilusión con los dos principales partidos políticos en Estados Unidos significa que su mensaje continuará resonando en los corazones de muchas personas, encendiendo la pasión por el cambio. La tarea principal que enfrentamos hoy es educar y alertar a nuestros conciudadanos sobre temas críticos, como:

<u>Poner fin al aborto legalizado</u>– Casi 50 millones de seres humanos inocentes han sido masacrados en este peor de todos los holocaustos. Debemos comprometernos con este derecho humano más básico a la vida y con el fin de esta práctica asesina.

<u>Preservando la Familia</u>– La unidad familiar tradicional, la base misma de nuestra sociedad, está bajo ataque como nunca antes. No solo debemos aceptar la inmoralidad desenfrenada, las altas tasas de divorcio y las familias rotas en todas partes, sino que ahora se nos dice que debemos aceptar la homosexualidad y el "matrimonio" gay como un elemento normal de nuestra cultura. Debemos trazar la línea y detener la erosión de la moralidad y nuestras familias.

<u>Protegiendo nuestra nación</u>– Los dos principales partidos políticos tienen agendas que son claramente de naturaleza globalista, lo que nos lleva a más enredos internacionales y al socavamiento de nuestra soberanía nacional. Si bien prometemos hacer de Estados Unidos un lugar más seguro, nuestras propias fronteras siguen siendo permeables a los inmigrantes ilegales, los delincuentes y los terroristas. Y todo esto, mientras intenta "difundir la democracia" y vigilar el mundo entero.

<u>Reducir el tamaño del gobierno</u>– El gobierno de nuestros padres fundadores fue intencionalmente limitado en tamaño y alcance por la Constitución, y nunca tuvo la intención de controlar o proveer para todos sus ciudadanos. Hoy nuestro gobierno federal sigue creciendo, sin control, tanto en tamaño como en alcance, independientemente del partido que esté en el poder. La mayoría de los estadounidenses estarían de acuerdo, pero aun así concederían pasivamente. Creemos que debemos trabajar para confrontar, exponer y cambiar el abuso, la corrupción y el despilfarro en nuestro gobierno.

<u>Revertir las tendencias del socialismo</u>– Durante las últimas décadas, Estados Unidos ha sido conducido por un camino gradual de implementación de programas socialistas que han cambiado la faz de nuestra gran nación. Los impuestos sobre la renta, la banca centralizada, la Seguridad Social y Medicare, la asistencia social y la educación pública (gubernamental) son todos programas ingeniosamente disfrazados que han inyectado socialismo en nuestra república.

121

<u>Defendiendo la Constitución</u>– Dejando de lado la retórica, los dos partidos principales hace tiempo que se apartaron de cualquier deseo sincero de defender o adherirse a la Constitución de los Estados Unidos, nuestra ley suprema. Las tres ramas de nuestro gobierno se han desviado de su intención original y nosotros, el pueblo de los Estados Unidos, tenemos el derecho y la obligación de corregir este problema.

> Que siempre que cualquier forma de gobierno destruya estos fines, es derecho del pueblo modificarla o abolirla, e instituir un nuevo gobierno, cimentando sus cimientos sobre tales principios y organizando sus poderes de tal forma que a ellos les parezca es más probable que afecte su seguridad y felicidad. - De *la Declaración de Independencia*

Muy pocos estadounidenses parecen estar preocupados, o incluso estar informados de estos hechos, pero debemos esforzarnos juntos para revertir estas tendencias alarmantes. Es por eso que nuestra voz y mensaje debe ser escuchado en toda la tierra. Los desafío y animo a que se involucren en la gran causa de restaurar los cimientos de nuestra república. ¡Los fuegos del cambio ya comenzaron!

> No se requiere una mayoría para prevalecer, sino más bien una minoría airada e incansable, deseosa de incendiar la mente de la gente. - Samuel Adams

Capítulo catorce

Llamando a todos los patriotas

Si alguna vez llegara el momento en que los hombres vanidosos y aspirantes poseyeran los puestos más altos en el gobierno, nuestro país necesitará de sus patriotas experimentados para evitar su ruina. - Samuel Adams

El verdadero patriotismo implica mucho más que ondear una bandera o votar de vez en cuando. Es mucho más que una sensación cálida y difusa ocasional. Primero, uno debe comprender al menos los conceptos básicos de nuestra historia y forma de gobierno estadounidenses únicas. Por lo tanto, informar y educar a nuestros conciudadanos estadounidenses, que han sido simplificados por nuestro sistema de escuelas públicas, debe convertirse en nuestra prioridad número uno. Encontrar verdaderos patriotas en todo Estados Unidos y ver cómo sus corazones se mueven a la acción es nuestra mejor esperanza para restaurar y salvar a Estados Unidos.

¿Dónde están los verdaderos patriotas?

Nuestra forma única de gobierno en Estados Unidos está siendo subvertida y reemplazada gradualmente por una totalmente diferente a la que dieron a luz nuestros padres fundadores. Tenemos una necesidad desesperada de verdaderos patriotas que se levanten en esta hora y tomen partido por nuestra gran nación.

El diccionario Webster define la palabra patriota como "alguien que ama y apoya celosamente a su país". Esta definición simple pero profunda se vierte a través de un filtro de interpretación popular moderna y solo entonces se aplica a nuestras vidas personales. Desafortunadamente, esta filtración a menudo cambia o diluye el verdadero significado del patriotismo.

La perversión estadounidense del patriotismo

Para muchos estadounidenses, el patriotismo consiste en tener un sentimiento ocasional cálido y confuso sobre su país. Estas personas piensan que ondear una bandera, pegar una calcomanía en el parachoques de su automóvil o incluso votar es el equivalente al patriotismo. Esta versión superficial y evasiva del patriotismo estadounidense es producto de la pereza, la apatía y la negativa a asumir la responsabilidad personal. Sin embargo, todavía nos permite sentirnos bien con nosotros mismos y con nuestra nación sin afectar realmente nuestra vida diaria.

Otra perversión común del significado del patriotismo en Estados Unidos se basa en la premisa ampliamente aceptada de que somos intrínsecamente mejores o superiores a los demás. Cuando se separa de la ética, la moralidad y la fe en Dios, esta actitud mortal conduce a la arrogancia y el autoengaño. Esta actitud de superioridad a menudo se alardea como "patriotismo" en los Estados Unidos. También se nos recuerda con frecuencia el patriotismo de quienes valientemente sirvieron o dieron su vida por nuestro país, sin importar las maniobras políticas, el engaño, la destrucción y demás seres humanos asesinados en el proceso de la guerra.

El patriotismo que olvida o intenta cambiar los valores y principios sobre los que se fundó esta nación es otra perversión más en Estados Unidos. Sin el mismo fundamento o convicciones morales y religiosas que nuestros padres fundadores, nos quedamos con una cáscara vacía, un recuerdo lejano de la verdadera grandeza. Sin una verdadera adhesión a los principios establecidos en la Biblia y la Constitución de los Estados Unidos, debemos recurrir al doble discurso y la manipulación política para mantener la ilusión del patriotismo.

Tipos de patriotas en América

En Estados Unidos, tenemos todo tipo y variedad de "patriotas". Hay una gran cantidad de patriotas de salón, patriotas de medio tiempo, patriotas parlantes, seudo-patriotas, patriotas equivocados, etc. Mientras nuestra nación y su gobierno continúan alejándose de los cimientos sobre los que se construyeron, el pueblo estadounidense, en su mayor parte , se han inclinado a sentarse y observar. Esta no es una representación de la definición de "amar y apoyar celosamente" al propio país. Hasta que nosotros, como estadounidenses, aceptemos y asumamos nuestra responsabilidad individual y personal una vez más, este patrón no cambiará.

Un patriota con otros nombres

Solo considere cómo se usan las palabras para transmitir diferentes significados. Qué diferente suena llamar a alguien "luchador por la libertad" en lugar de "terrorista". Si bien las personas pueden ser etiquetadas como "rebeldes", "militantes" o "insurgentes", la verdad es que, desde la perspectiva de otras personas, pueden considerarse patriotas. ¿Quién puede saber con certeza los corazones y motivos de los hombres? Cuando abundan el engaño, la codicia y la corrupción, ¿el uso o la comercialización de diferentes palabras hace que nuestro verdadero comportamiento sea correcto?

Consideramos mucho a los primeros estadounidenses que fueron considerados rebeldes y revolucionarios por los británicos. Pensamos en los confederados como rebeldes a pesar de que no querían nada más que el mismo tipo de independencia de un gobierno opresivo. Y hoy en día recorremos el mundo defendiendo la libertad mientras insistimos en que el mundo acepte nuestra versión de "democracia". ¡Y hacemos esto sin seguir nuestra propia Constitución!

Características de los verdaderos patriotas

La convicción profunda está en el corazón de los verdaderos patriotas, el tipo de convicción que es más fuerte que el placer o la realización personal. Un verdadero patriota no será apático ni se contentará con meras palabras frente a la crisis. De esta profunda convicción brotará la pasión por la verdad y la justicia, lo que hará que el patriota vuelva a priorizar su vida y se dedique a la causa en la que cree. Atrás quedará culpar a los demás y poner excusas. Se verá a sí mismo como si ya estuviera en la batalla y adoptará esa mentalidad y estilo de vida, en lugar de elegir una vida de comodidad y comodidad. Él o ella aceptará, a un nivel muy personal, su responsabilidad como ciudadano estadounidense y se involucrará activamente, defendiendo lo que es correcto a toda costa.

Mirando en el espejo

Tal vez lo más difícil para nosotros como humanos es mirarnos profundamente en el espejo. Es mucho más fácil y menos doloroso cambiar el enfoque o culpar a otra persona. Proverbios 21:2 declara la condición de la naturaleza humana al decir: "El camino de cada uno es recto en su propia opinión, pero el Señor pesa los corazones". El camino de esta tendencia humana nos lleva al orgullo, al autoengaño ya la crítica de los demás.

En este momento de la historia estadounidense, existe una necesidad crítica de que los verdaderos patriotas estadounidenses se levanten una vez más y defiendan los principios y las libertades sobre los que se fundó nuestra nación. Se acabó el tiempo de la apatía, de la mera charla, de la distracción o la preocupación. Como resultado de la lectura de este libro, ahora se enfrentará a una decisión muy personal. ¿Qué decidirás? Si no elegimos responder con firme compromiso y determinación, seguiremos siendo testigos de la erosión de nuestra república, hasta que un día despertaremos preguntándonos cómo se perdió todo. ¿A quién culparemos entonces?

América la Bella

América la Bella, o eso solías ser;
Tierra del orgullo de los Peregrinos; Me alegro de que nunca verán
Bebés amontonados en contenedores de basura; aborto a pedido.
Oh, dulce tierra de la libertad, tu casa está sobre la arena.
Nuestros niños vagan sin rumbo envenenados por la cocaína,
Eligiendo complacer sus lujurias, cuando Dios ha dicho que se abstengan.
Nuestra Nación se aleja de la enseñanza del amor de Dios
y una necesidad de orar siempre;
Hemos mantenido a Dios en nuestros templos, qué insensibles nos hemos vuelto.

Cuando la tierra no es más que el estrado de Sus pies y el Cielo es Su trono.
Hemos votado en un gobierno que se está pudriendo hasta la médula,
Nombrando jueces impíos que echan la razón por la puerta,
Demasiado suave para colocar a un asesino en una tumba bien merecida,
Pero lo suficientemente valiente como para matar a un bebé antes de que
abandone el útero.
¿Crees que Dios no está enojado, que nuestra tierra es un tugurio moral?
¿Cuánto tiempo más esperará antes de que llegue Su juicio?
¿Cómo vamos a enfrentar a nuestro Dios, de quien no podemos escondernos?
Entonces, ¿qué nos queda por hacer, sino detener esta marea maligna?
Si nosotros, que somos Sus hijos, nos volvemos humildemente y oramos;
Busca Su santo rostro y corrige nuestro mal camino;
Entonces Dios oirá desde el Cielo y nos perdonará nuestros pecados,
Él sanará nuestra tierra enferma y los que viven dentro.
Pero, America the Beautiful, si no lo haces, entonces verás,
Un Dios triste pero Santo retira Su mano de Ti.
- Poema de Roy Moore, ex Presidente del Tribunal Supremo de Alabama

Podemos hacer una diferencia

¿Podremos alguna vez hacer una diferencia real en el escenario político o cultural de nuestra nación? Esta pregunta es en realidad bastante fundamental con respecto a nuestra perspectiva básica de la vida, las personas, Dios, la fe y muchos otros temas. Digo esto porque nuestro comportamiento y acciones reales surgen de la respuesta más íntima que reside en nuestros corazones. Antes de que pueda responder adecuadamente al mensaje de este libro, primero debe creer que realmente es posible marcar una diferencia.

¿Qué crees realmente?

Las personas plantean muchas preguntas u objeciones comunes: "¿Cómo una persona, o incluso un pequeño grupo, se enfrenta al gobierno más poderoso del mundo?" "¿Cómo puedes realmente esperar hacer una diferencia?" "Si apoyo a un tercero, ¿no se desperdiciarán mis esfuerzos o mi voto?" "¿No han ido las cosas en Estados Unidos tan lejos que no hay esperanza ni reparación?" O, "¿Por qué haces esto contra viento y marea y sin los recursos adecuados?"

Estas preguntas revelan similitudes evidentes: un sentido débil o anémico de la fe, el coraje, el honor y el deber patriótico. ¡La mayoría de los estadounidenses no se dan cuenta de que solo el 3% de los colonos estadounidenses realmente apoyaron la independencia de Inglaterra, y solo el 1,5% participó activamente en esa lucha! La gran mayoría fue pasiva, indiferente o permaneció leal a los británicos. Sí, esto es como si David se enfrentara a Goliat en la Biblia, pero ¿en quién y en qué crees realmente?

Entiendo que a menudo es un proceso natural considerar estas preguntas. El tema crítico es lo que elegimos creer al final. Si elegimos el lado negativo y sucumbimos a una de estas dudas, estamos derrotados incluso antes de comenzar. Nuestros oponentes o enemigos no necesitarán hacer nada más, porque ya nos hemos rendido y neutralizado. Por otro lado, los ciudadanos individuales que son activos y realmente creen que pueden hacer una diferencia son los más temidos por aquellos que piensan que están controlando nuestra nación y su futuro.

Hacer la pregunta correcta

¿Qué es el verdadero éxito o victoria? ¿No es ser fiel a lo que crees y defender lo que es correcto? La sociedad moderna puede decirnos lo contrario, pero debemos con profunda convicción y fe, hacer lo correcto y dejar los resultados en las manos de Dios. Una persona que dice que realmente cree en algo, pero que no vive esa creencia con pasión y compromiso con la acción, es la más digna de lástima.

Llegar a una persona a la vez

Nuestros padres fundadores claramente creyeron y pusieron el control de nuestro país en manos del pueblo, no del gobierno. Debemos educar y movilizar a los ciudadanos de nuestra gran nación para trabajar juntos y restaurar la visión de aquellos que arriesgaron sus vidas para establecer nuestra república. Esto podemos y debemos hacerlo una persona a la vez, y nunca debemos pensar que hemos fallado cuando todavía estamos llegando a la gente. Esto está sucediendo con una frecuencia cada vez mayor, y considero una victoria cada vez que una persona que alguna vez fue ignorante, no se involucró o se dejó llevar por el statu quo de los principales partidos políticos es ilustrada y movida a la acción. ¡Los patriotas nacen uno a la vez!

Permítame compartir una historia para ilustrar mejor este punto. Había una vez un anciano que llevó a su nieto a la playa. Al llegar, notaron que la marea había arrastrado cientos de dólares de arena a la orilla. El abuelo se inclinó con cuidado y en silencio, recogió uno y lo arrojó al océano, liberándolo de una muerte segura en la arena. Después de hacer esto varias veces, el niño finalmente espetó: "Abuelo, ¿por qué estás devolviendo estos dólares de arena? Hay tantos, ¡no puedes salvarlos a todos!" El anciano, después de hacer una pausa para reflexionar, se agachó, recogió otro y lo arrojó al mar, y luego respondió: "Lo sé hijo, pero a ese lo acabo de salvar".

¿Es esto realmente posible?

La historia estadounidense está llena de grandes ejemplos de personas que desafiaron las probabilidades y dejaron su huella en la historia. Inventores, científicos, empresarios, educadores, héroes deportivos y militares, y muchos otros han hecho esto y han ayudado a dar forma a Estados Unidos.

Incluso en la arena política, a menudo olvidamos que el Partido Republicano de Abraham Lincoln fue una vez un tercer partido insignificante, o que el Partido Whig ya no existe. Más cerca de nuestro tiempo, tanto George Wallace como Ross Perot pudieron obtener un apoyo significativo de los estadounidenses que querían un cambio real. A veces no recordamos el auge y la caída de muchos grandes imperios y sociedades; o que muchas naciones que se han independizado a lo largo de la historia; o la caída de la Unión Soviética y el Muro de Berlín.

Nuestros verdaderos enemigos

En esta lucha por restaurar la libertad y el sueño americano, nuestro mayor enemigo no es una potencia extranjera, un grupo terrorista o incluso el gobierno. La ignorancia, la apatía y la pereza son marcas registradas del estadounidense promedio y una fuerza mucho más intimidante. Superar la vida egocéntrica, los horarios ocupados, las prioridades desordenadas y las mentiras que nos hemos tragado son enemigos mucho más formidables. Aquí es donde radica el desafío, y precisamente donde puede comenzar el verdadero cambio, dentro de cada uno de nosotros. Hoy, ahora mismo, puede decidir personalmente cambiar esta imagen.

¿Que puedo hacer?

Estados Unidos necesita desesperadamente ver un movimiento de base de ciudadanos activos y preocupados que serán el catalizador de un incendio forestal de cambio en toda nuestra tierra. Esto solo ocurrirá cuando las personas individualmente se den cuenta y crean que su participación personal realmente importa; y cuando toman una posición firme por la verdad y lo que es correcto. Nos han condicionado a creer que solo "ganar" es el verdadero éxito, pero quizás debamos reenfocar ese objetivo para ganarnos los corazones y las mentes de las personas que nos rodean todos los días. Podemos hacer esto de una manera muy natural y discreta si simplemente salimos del caparazón de una vida egocéntrica y comenzamos a hablar por Estados Unidos y por los principios fundamentales de nuestro país. Las oportunidades estarán allí casi todos los días para nosotros, si las buscamos y estamos preparados para responder.

- Tómese el tiempo para informarse sobre nuestra historia y gobierno.
- Seleccione los problemas que le preocupan en particular y comience allí.
- Comienza a compartir el mensaje con tus familiares, amigos y conocidos
- Conviértase en voluntario o activista a nivel local o estatal
- Regístrese para votar y apoyar a un tercero o a candidatos independientes
- Tome medidas activas para mostrar su "espíritu de resistencia"

El espíritu de resistencia

Los valientes patriotas que lucharon mucho y duro para establecer las libertades que disfrutamos aquí en Estados Unidos poseían muchas cualidades que parecen estar al borde de la extinción en la actualidad. El coraje, el sacrificio, el honor, la integridad, el carácter, la fe verdadera y el compromiso son rasgos personales sobre los que la mayoría de los estadounidenses hoy en día solo leen o ven ocasionalmente en las películas. Para la mayoría de nosotros, experimentar estas cualidades no forma parte de nuestra vida cotidiana. La voluntad de arriesgar la propia vida por una causa, o por nuestras convicciones, se ha olvidado en gran medida en esta tierra de opulencia, disminuyendo constantemente las libertades personales y la corrección política. Las libertades ganadas para nosotros por esos primeros patriotas estadounidenses ahora parecen en gran parte dadas por sentadas, o incluso olvidadas. Y muchos buenos estadounidenses todavía no se dan cuenta de que lo que queda de las libertades que nos garantiza EE.UU.

Estados Unidos se encuentra hoy en una coyuntura crítica y precaria, y lo que hagamos en el futuro cercano determinará nuestro destino como nación. Nuestros propios líderes e intereses financieros o comerciales que no se preocupan por el ciudadano estadounidense promedio nos están imponiendo el despojo gradual pero sistemático de nuestros derechos. Quieren que confiemos en ellos y creamos que realmente están sirviendo a nuestros deseos y mejores intereses. Todo el tiempo estamos siendo conducidos por un camino de servidumbre y tiranía, y muy pocos parecen dispuestos a hablar o resistir.

Una cualidad que necesitamos desesperadamente que se reavive antes de que nuestra República Constitucional se pierda para siempre es lo que Thomas Jefferson llamó "el espíritu de resistencia". Jefferson una vez hizo estos sorprendentes comentarios,

> El espíritu de resistencia al gobierno es tan valioso en ciertas ocasiones que deseo que se mantenga siempre vivo.

Jefferson se refería a algo presente en el corazón de aquellos que estaban dispuestos a sacrificarlo todo para que naciera la forma estadounidense de libertad y gobierno. Era un espíritu de resistencia a todas las formas de tiranía sobre los corazones y las mentes de los hombres, impuesta por aquellos que buscaban controlar y explotar a los demás. Nuestros padres fundadores declararon audazmente que Dios, no otros hombres o gobiernos humanos, había dado a todas las personas ciertos derechos inalienables. En su opinión, el buen gobierno dejó de existir sin el consentimiento del pueblo, o cuando el propio sistema se volvió corrupto y egoísta. Vivieron, lucharon y murieron para que estos derechos quedaran grabados en los cimientos de nuestra república.

Hoy, Estados Unidos enfrenta una multitud de problemas serios, y lo que escuchamos de Washington es el zumbido de un mensaje, independientemente del partido político que esté en el poder. No solo quieren que confiemos en ellos, sino que las soluciones propuestas a estos problemas siempre implican un gobierno más grande, más dinero de los contribuyentes y la pérdida de nuestra propia prosperidad, derechos y libertades. Niveles alarmantes de deuda nacional y déficit comercial; la pérdida masiva de empleos estadounidenses que se trasladan al extranjero; la invasión de extranjeros ilegales; y el surgimiento de líderes empeñados en crear una economía global amenazan nuestra soberanía y forma de vida estadounidenses.

Hemos soportado guerras inconstitucionales y destructivas, un gobierno federal completamente corrupto e inflado y la socialización de nuestra nación. Nuestra opción de votar para traer el cambio es una farsa controlada y engañosa. Se ha permitido que nuestras familias y la misma fibra moral de nuestra nación se deterioren a niveles tan bajos que, aparte de un gran despertar espiritual o patriótico, parece que nos dirigimos hacia un desastre nacional. Además de esto, ahora enfrentamos las perspectivas de una vida bajo la vigilancia de nuestro propio gobierno; absorber y cuidar a millones de inmigrantes ilegales; la construcción de la supercarretera NAFTA a través del corazón de nuestro propio país; y el borrado de nuestras fronteras y soberanía nacional mientras nuestros líderes nos engañan en una Unión Norteamericana. Mirándonos a la cara también están legalizados, pero a partir de las disposiciones aún no implementadas de la Ley Patriota y otra legislación; la introducción de la Real ID nacional, prevista para 2008, y el inminente uso de chips de radiofrecuencia implantados en ciudadanos estadounidenses. ¡Un estado policial, que controla a sus ciudadanos y está impulsado por la codicia de los banqueros internacionales y otros tiranos, se acerca al umbral justo aquí en Estados Unidos!

¿Dónde está hoy el "espíritu de resistencia" de Jefferson? ¿Dónde están los verdaderos patriotas que aman lo que se supone que es y representa Estados Unidos para el mundo? ¿Dónde están los hombres y mujeres que piensan, comen, viven y respiran todos los días con una pasión singular para ver la verdadera libertad restaurada en nuestra una vez gran nación?

Algunos de ustedes pensarán que estoy loco o soy un fanático. Eso no me molesta. Algunos de ustedes sabrán en el fondo de sus corazones que estoy diciendo la verdad y que el tiempo para salvar a nuestra nación se está acabando. Debemos resistir AHORA, por todos los medios a nuestro alcance: poniéndonos de pie y hablando, a través de los canales políticos, los procedimientos judiciales y los medios de comunicación; mediante la protesta, la desobediencia civil y cualquier medio necesario para ser oído; para preservar nuestras libertades, nuestro patrimonio y el futuro de nuestros hijos. El miedo y la parálisis de la negación causada por la indiferencia y la apatía deben ser vencidos por la fe y el coraje. El pueblo estadounidense debe ser despertado en masa y entonces las cosas cambiarán. Voces del pasado nos llaman hoy:

En el comienzo de un cambio, el patriota es un hombre valiente y escaso, odiado y despreciado. Sin embargo, cuando la causa triunfa, los tímidos se unen a él porque entonces no cuesta nada ser patriota. - Mark Twain

El árbol de la libertad debe refrescarse de vez en cuando con la sangre de patriotas y tiranos. Es su abono natural. - Thomas Jefferson

Con hombres razonables, razonaré; con hombres humanos, suplicaré; pero a los tiranos no les daré cuartel, ni derrocharé argumentos donde ciertamente se perderán. - William Lloyd Garrison

Hay un Dios justo que preside los destinos de las naciones, y que levantará amigos para pelear nuestras batallas por nosotros. La batalla, señor, no es solo para los fuertes; es para los vigilantes, los activos, los valientes... Es vano, señor, atenuar el asunto. Los caballeros pueden gritar, paz, paz, pero no hay paz. ¡La guerra ha comenzado de verdad! ¡El próximo vendaval que azote del norte traerá a nuestros oídos el choque de brazos resonantes! ¡Nuestros hermanos ya están en el campo! ¿Por qué nos quedamos aquí ociosos? ¿Qué es lo que desean los señores? ¿Qué tendrían? ¿Es la vida tan cara, o la paz tan dulce, como para ser comprada al precio de cadenas y esclavitud? Prohíbelo, Dios Todopoderoso. No sé qué rumbo tomarán los demás; pero en cuanto a mí, ¡dadme la libertad, o dadme la muerte! - Patrick Henry

Hoy necesitamos una nación de Minutemen, ciudadanos que no solo estén preparados para tomar las armas, sino ciudadanos que consideren la preservación de la libertad como el propósito básico de su vida diaria. - Presidente John F. Kennedy

¡Levántense los patriotas!

Recientemente, los funcionarios de nuestro gobierno han lanzado repetidos ataques verbales dirigidos a los estadounidenses que cuestionan o cuestionan sus decisiones. Las acusaciones de ser "antipatrióticos" o "potenciales simpatizantes del terrorismo" crean una ilusión particular en los medios, pero al mismo tiempo estas afirmaciones exponen la tiranía y el hambre de poder dictatorial que está en lo profundo de sus corazones.

> Patriotismo significa estar al lado del país. No significa estar del lado del Presidente o de cualquier otro cargo público, salvo exactamente en la medida en que él mismo esté del lado del país. - Theodore Roosevelt

Estados Unidos está entrando en un futuro incierto, y hemos cerrado el círculo, encontrando a nuestra nación ahora virtualmente en la misma encrucijada que nuestros padres fundadores. Ahora debemos seguir sus pasos y responder con el mismo coraje y determinación.

> El momento de protegerse contra la corrupción y la tiranía es antes de que nos atrapen. Es mejor mantener al lobo fuera del redil que confiar en sacarle los dientes y las garras después de que haya entrado. - Thomas Jefferson

> Estamos reducidos a la alternativa de optar por la sumisión incondicional a la tiranía de los ministros irritados, o la resistencia por la fuerza. Esta última es nuestra elección. Hemos contado el costo de esta contienda, y no encontramos nada tan terrible como la esclavitud voluntaria. Honor, justicia y humanidad, prohibidnos dócilmente renunciar a esa libertad que recibimos de nuestros valientes antepasados, y que nuestra inocente posteridad tiene derecho a recibir de nosotros. No podemos soportar la infamia y la culpa de resignar a las generaciones venideras a esa miseria que inevitablemente les espera, si les imponemos vilmente una servidumbre hereditaria.
> - De *La Declaración de Tomar las Armas*, escrita por el Congreso Continental en 1775

Un pueblo oprimido está autorizado siempre que puede a levantarse y romper sus cadenas. - Henry Clay, discurso ante la Cámara de Representantes, 1818

Es deber de un ciudadano no sólo observar la ley, sino también hacer saber que se opone a su violación. - Calvin Coolidge

La libertad del miedo, la injusticia y la opresión será nuestra sólo en la medida en que los hombres que valoren tal libertad estén dispuestos a sostener su posesión, a defenderla contra cada ataque desde adentro y desde afuera. - Dwight D. Eisenhower

Basta con reflexionar que una de las mejores maneras de ganarse la reputación de ciudadano peligroso en estos días es ir repitiendo las mismas frases que usaron nuestros padres fundadores en su lucha por la independencia. - CA Beard

Y para el apoyo de esta Declaración, con una firme confianza en la protección de la divina providencia, nos comprometemos mutuamente nuestras vidas, nuestras fortunas y nuestro sagrado honor. – La última frase de la *Declaración de Independencia*

A medida que Estados Unidos continúa su espiral descendente, tengo la sincera esperanza de que los estadounidenses de todos los rincones de esta gran nación experimenten un resurgimiento del verdadero patriotismo y el deber, junto con un sentido de urgencia en sus corazones. ¡Entonces debemos dejar de lado nuestras agendas y diferencias personales, y juntos regresar a nuestras raíces, asumiendo el desafío de luchar por Estados Unidos y la libertad una vez más.

Referencias

América, una historia narrativa, por George Tindall y David Shi

Biblioteca de referencia estadounidense, Libro Mundial

Patriotas, los hombres que iniciaron la revolución americana, por AJ Langguth

La guerra revolucionaria, por Bart McDowell

La herencia piadosa de Estados Unidos, por David Barton

El bullicioso Mar de la Libertad, por David Davis y Steven Mintz

La creación de América, por W. Cleon Skousen

Cuando en el Curso de los Eventos Humanos, por Charles Adams

El verdadero Lincoln, por Thomas DiLorenzo

César de América, por Greg Durand

Guerras indias de América del Norte, por Richard Dillon

Desheredado, el derecho de nacimiento perdido del indio americano, por Dale Van Every

Perder tus ilusiones, por Gordon Phillips

Un llamado a la revolución, por Martín L. Gross

La muerte de Occidente, por Patrick Buchanan

La raqueta del gobierno 2000, por Martín L. Gross

Recuperando América, por Joseph Farah

Estado de emergencia, por Patrick Buchanan

Estados Unidos: de la libertad al fascismo, por Aarón Russo

El ascenso de América, por John D. Diamante

Sobre el Autor

David Batcheller creció en el Medio Oeste y ha vivido en varias regiones de los Estados Unidos. Se graduó de Miami Christian College y tiene una licenciatura en Estudios Bíblicos de Logos Christian University. Durante la mayor parte de su vida ha estado involucrado en el ministerio de la iglesia con el objetivo de redescubrir el poder y la vitalidad de la iglesia del Nuevo Testamento.

Más recientemente, David también se ha involucrado en la lucha por restaurar a Estados Unidos a sus cimientos constitucionales y judeocristianos. Vive en Albuquerque, Nuevo México y trabaja en el campo de la contabilidad. Actualmente también se desempeña como Presidente del Partido Estatal para el Partido de la Constitución de Nuevo México.